1939-1945
WORLD WAR TWO

AUTORE

Carlo Cucut è nato a Nole (TO) nel 1955. Ha coltivato la passione per la storia sin da ragazzo e negli anni ha approfondito questo interesse dedicandosi alla ricerca storica. Ha pubblicato articoli sulle riviste: "Storia del XX Secolo", "Storie & Battaglie", "Milites" e "Ritterkreuz". In campo editoriale ha pubblicato vari volumi per Marvia Edizioni: "Penne Nere sul confine orientale. Storia del Reggimento Alpini "Tagliamento" 1943-1945", vincitore del Premio De Cia; "Attilio Viziano. Ricordi di un corrispondente di guerra"; "Forze Armate della RSI sul fronte orientale"; "Forze Armate della RSI sul fronte occidentale"; "Forze Armate della RSI sulla linea Gotica"; "Alpini nella Città di Fiume 1944-1945". Per il Gruppo Modellistico Trentino ha pubblicato "Le forze armate della RSI 1943-1945. Forze di terra".

FONTI FOTOGRAFICHE:

ESTONIA: http://nelsonlambert.blogspot.com/2012/06/estonian-armour-1919.html
https://ajapaik.ee/photo
http://eag.vanatehnika.ee/ewarmee.html
www.ra.ee/fotis/index.php
http://tankfront.ru
www.rindeleht.ee/foorum/php
tratto da "Tankai Lietuvos kariuomenėje 1924–1940 m.", op. cit. in bibliografia
http://aviarmor.net/tww2/armored
www.militaar.net
www.smartage.pl/crossley-armoured-car
https://reibert.info/threads
www.muis.ee/catalogue#Tulemused
www.vanadpildid.net/paide
www.osta.ee/soomusautod-auto-tanki-rugement
www.e-varamu.ee/searchresults

LETTONIA: https://www.securityguard.lv/2020/01/blog-post_30.html
http://tankfront.ru/neutral/latvia/photo
https://wp-lv.wikideck.com/Brunautomobilis
https://vesture.eu/Attels:Tankisti.png
www.antik-war.lv/viewtopic.php
www.zudusilatvija.lv/objects/
www.sargs.lv/lv/latvijas-neatkaribas-kars
www.la.lv/foto-militaras-parades-latvija-cauri-laikiem
https://commons.wikimedia.org
www.alternativefinland.com/wp-content/uploads
https://wofmd.com/2018/04/27/daimler-plattformwagen

LITUANIA: https://forum.axishistory.com
http://arecibo-camo.blogspot.com/2011/03/pragaras-perkunas-ir-kt.html
tratto da "Lietuvos kariuomenė laikinojoje sostinėje 1919–1940 m.", op. cit. In bibliografia
tratto da: VYTAUTO DIDŽIOJO KARO MUZIEJUS 2018 op. cit. In bibliografia
tratto da "Tankai Lietuvos kariuomenėje 1924–1940 m.", op. cit. in bibliografia
https://picturehistory.livejournal.com/313760.html
https://picturehistory.livejournal.com/313760.html
www.facebook.com/senosfotografijos/photos/lietuvos-kariuomenės
http://tankfront.ru/neutral/litva/photo.html

Titolo: **REPARTI CORAZZATI DELLE REPUBBLICHE BALTICHE ESTONIA-LETTONIA-LITUANIA** Code.: **WTW-033 IT** Di Carlo Cucut
ISBN code: 978-88-93278362 prima edizione marzo 2022
Lingua: Italiano Nr. di immagini: 193 dimensione: 177,8x254mm Cover & Art Design: Luca S. Cristini

WITNESS TO WAR (SOLDIERSHOP) is a trademark of Luca Cristini Editore, via Orio, 35/4 - 24050 Zanica (BG) ITALY.

WITNESS TO WAR

REPARTI CORAZZATI DELLE REPUBBLICHE BALTICHE

ESTONIA – LETTONIA - LITUANIA

DALL'INDIPENDENZA ALL'OCCUPAZIONE SOVIETICA: 1918 – 1940

PHOTOS & IMAGES FROM WORLD WARTIME ARCHIVES

CARLO CUCUT

BOOKS TO COLLECT

INDICE

▲ L'autoblindo *"Estonia"* con il suo equipaggio durante la Guerra d'Indipendenza.

L'INDIPENDENZA DEI PAESI BALTICI

A tre anni dall'inizio della Prima Guerra Mondiale, l'Impero Russo nel 1917 stava vivendo uno dei momenti più drammatici della sua storia. Le numerose sconfitte sui campi di battaglia, che avevano portato alla perdita della Polonia, dell'Ucraina e di parte dei paesi baltici, la grave crisi interna con la popolazione stremata, il crescente seguito dei movimenti marxisti e la violenta soppressione dei moti di piazza, furono i prodromi della Rivoluzione d'ottobre, culminata con la caduta dello Zar, la fine dell'Impero Russo e la nascita della Repubblica Socialista Federativa Sovietica Russa (RSFSR).

I movimenti indipendentisti estone, lettone e lituano, colsero l'occasione dello scoppio della Rivoluzione russa per rivendicare la propria identità nazionale, dichiarando l'indipendenza nel corso del 1918. La Lituania dichiarò la propria indipendenza il 16 febbraio 1918, l'Estonia il 24 febbraio 1918 e la Lettonia il 18 novembre 1918. A causa delle diverse situazioni militari presenti sul territorio, la proclamazione dell'indipendenza ebbe differenti riflessi sulle singole nazioni.

In Estonia, occupata dalle truppe tedesche fin dall'ottobre 1917, l'indipendenza non venne riconosciuta dall'Impero tedesco che però non ostacolò i movimenti indipendentisti. Con la pace di Brest-Litovsk del 3 marzo 1918, che sancì la fine della guerra fra l'Impero tedesco e la RSFSR, le truppe tedesche abbandonarono l'Estonia, che fu quindi rioccupata dalle truppe bolsceviche dell'Armata Rossa. Iniziò quindi una cruenta e sanguinosa guerra di indipendenza tra gli estoni, sostenuti da alcuni stati occidentali, e i russi, conclusa solo con la firma del trattato di pace di Tartu del 2 febbraio 1920, nel quale si sanciva la definitiva nascita della Repubblica Estone.

La Lettonia pochi giorni dopo aver proclamato l'indipendenza venne invasa dalle truppe dell'Armata Rossa che, non contrastate da alcuna forza militare, occuparono gran parte del territorio, compreso la capitale Riga nel gennaio 1919. Solo una ristretta area situata a sud ovest di Liepaja resistette all'attacco bolscevico. Grazie all'accordo stipulato con la Germania, arrivarono volontari e armi che consentirono la costituzione di reparti in grado di contrastare l'avanzata russa. La *"Baltische Landswehr"*, costituita da tedeschi baltici, e la presenza della *"Divisione Eiserne"* tedesca, consentirono alle truppe lettoni di riconquistare, nella primavera del 1919, Riga e la Lettonia meridionale. Con l'aiuto delle truppe estoni venne poi riconquistata la Lettonia settentrionale e, nel gennaio 1920, il nuovo esercito nazionale lettone scacciò i bolscevichi dal territorio orientale. Il 1° febbraio 1920 venne firmato un armistizio tra la Lettonia e la RSFSR, seguito dal trattato di Riga dell'11 agosto 1920 con il quale veniva sancita la totale indipendenza della Repubblica della Lettonia.

La Lituania, alla data della proclamazione dell'indipendenza, era occupata dalle truppe tedesche e faceva parte dell'Ober Ost, costituito da Lettonia, Lituania e parte della Bielorussia, a seguito del trattato di pace di Brest-Litovsk. Solo nel novembre 1918 le truppe tedesche iniziarono a ritirarsi dalla Lituania, che venne subito invasa dall'Armata Rossa. Le forze armate lituane, addestrate rapidamente, sostenute dai tedeschi in ritirata, bloccarono l'avanzata bolscevica e, con una controffensiva, riuscirono a ricacciare fuori dai confini l'invasore. Solo l'area di Vilnius, proclamata capitale della nuova Repubblica, non venne riconquistata, rimanendo nelle mani dei polacchi. Il 12 luglio 1920 venne firmato il trattato di pace fra la Lituania e la RSFSR. Nell'autunno del 1920 scoppiò una breve guerra fra la Lituania e la Polonia per il controllo della città di Vilnius e dell'area circostante, che vide primeggiare la Polonia. A seguito della guerra la capitale provvisoria della Lituania venne stabilita nella città di Kaunas. Nel gennaio del 1923 la Lituania occupò la città tedesca di Memel (Klaipėda), un importante centro industriale della Lituania minore, conquistando così l'unico accesso al mar Baltico della giovane repubblica. Fu l'ultimo conflitto della Lituania.

▲ Bella immagine dell'autoblindo *"Estonia"* dove si può verificare l'uso degli scudetti da trincea per la corazzatura.

▼ L'autoblindo *"Vanapagan"* con il suo equipaggio durante una pausa dei combattimenti

REPARTI CORAZZATI DELL'ESTONIA

Ad affrontare le truppe dell'Armata Rossa il 28 novembre 1918, data di inizio della guerra d'indipendenza estone, a parte pochi reparti della milizia paramilitare della Lega di difesa estone "Kaitseliit", il neonato esercito estone "Eesti maavägi" poteva opporre ben poche forze. Sotto la guida energica del Generale Johan Laidoner, dal 23 dicembre a capo dell'Eesti maavägi, furono arruolate migliaia di reclute e si procedette al loro addestramento, ma la supremazia numerica e materiale dell'Armata Rossa rimaneva di 3 a 1. A metà gennaio 1919 l'avanzata delle truppe bolsceviche era arrivata ad una trentina di chilometri dalla capitale Tallinn.

Alla richiesta di aiuti da parte del governo estone risposero alcune nazioni occidentale, in primis la Gran Bretagna che inviò una forza navale e numerose armi, seguita da contingenti di volontari finlandesi, svedese e danesi. Venne creato anche un battaglione di baltico-tedeschi che, a differenza di quanto accaduto in Lettonia, combatté a fianco degli estoni contro l'Armata Rossa.

Poiché, a parte fucili, mitragliatrici e cannoni, non erano state consegnate né autoblindo né carri armati, sotto l'impulso di Johan Pitka[1] presso aziende locali vennero costruite le prime autoblindo e numerosi treni blindati che furono fondamentali per la difesa e le successive controffensive dell'esercito estone.

Nel dicembre 1918 presso la Tallinna Sadamatehas, un'officina navale situata all'interno dell'area portuale di Tallinn, basata sui disegni dell'ingegner Ludwig Saukas e con il coordinamento tecnico del tenente A. Uus, venne costruita la prima autoblindo nazionale chiamata "Estonia"[2] e consegnata entro la fine dell'anno all'esercito.

Venne costruita sulla base del telaio di un autocarro da 3 tonnellate marca Federal, utilizzando per la corazzatura lamiere usate nelle costruzioni navali e scudetti da trincea su un telaio di legno. Notevole l'armamento, costituita da un cannone Hotchkiss da 37 mm in torretta girevole, 2 mitragliatrici Maxin da 7,62 mm posteriori e la possibilità di posizionare un'altra mitragliatrice leggera di fianco al posto di guida. Ne derivò un mezzo dal peso notevole e con un motore di scarsa potenza, ragion per cui l'Estonia venne utilizzata unicamente sulle strade di Tallinn in servizio nella Kaitseliit.

Terminata la costruzione dell'Estonia iniziò subito la fabbricazione di una nuova autoblindata, questa volta su telaio Renault, con il compartimento di combattimento scoperto. Ciò permise il risparmio di circa una tonnellata di peso e di rendere più mobile il mezzo. Venne chiamata "Tasuja" ed entrò in servizio nel gennaio 1919. Schierata sul fronte meridionale, andò perduta durante i combattimenti nei pressi del comune di Orava il 23 marzo 1919.

Poiché il progetto delle autoblindate venne considerato positivo, a cavallo tra dicembre 1918 e gennaio 1919, al capitano Uus venne assegnato l'incaricato di costruire ulteriori mezzi per l'esercito estone, compito che assunse con la collaborazione dell'ingegner Saukas.

Venne quindi elaborato un nuovo progetto di autoblindate per la costruzione di sei mezzi uguali, con inizio della lavorazione nel gennaio 1919. A parte la prima autoblindo costruita su telaio Packard, tutte i restanti cinque mezzi furono assemblati sul telaio dell'autocarro da 3 tonnellate della società inglese AEC[3], utilizzando lamiere in acciaio con spessore variante dai 6 ai 10 mm per la corazzatura, mentre per il pavimento vennero utilizzate pesanti travi di legno. Le autoblindo furono identificate come M1918/19.

1 Johan Pitka era un militare estone tra i fondatori della Lega di Difesa, durante la Guerra d'Indipendenza fu l'artefice della costruzione dei treni armati, assumendo anche il comando di uno di essi, e delle prime autoblindate. Contribuì all'organizzazione della Marina militare raggiungendo il grado di contrammiraglio.
2 Pochi anni fa è stata costruita una copia marciante dell'autoblindata Estonia che viene fatta sfilare in occasione di parate militari o di celebrazioni nazionali con la presenza di militari della Kaitseliit in divisa d'epoca.
3 AEC – Associated Equipment Company, azienda britannica costruttrice di autocarri e autobus costituita nel 1912 e dal 1979 di proprietà della Volvo.

Anche questi mezzi ricevettero un nome:
* "*Wahur*" su telaio Packard: completata nel febbraio 1919, in servizio dal 15 marzo
* "*Toonela*" su telaio AEC: completata ad aprile 1919, in servizio dal 22 aprile
* "*Wibaune*" su telaio AEC: completata ad aprile 1919, in servizio dal 23 aprile
* "*Kalevipoeg*" su telaio AEC: completata ad aprile 1919, in servizio dal 25 aprile
* "*Kotkasilm*" su telaio AEC: completato nel gennaio 1920, in servizio nel mese di marzo
* "*Erilane*" su telaio AEC: completato nel gennaio 1920, in servizio nel mese di marzo
(dal 20 ottobre 1920 venne rinominata "*Lembit*")

Tutte le sei autoblindate avevano lo stesso armamento, un cannone Hotchkiss da 37 mm in torretta girevole, due mitragliatrici Maxin da 7,62 mm posteriori e la possibilità di installare una mitragliatrice Madsen da 7,7 mm anteriormente.

A causa dei consumi elevati, l'autonomia delle autoblindate superava di poco i 100 chilometri, con serbatoi che potevano contenere circa 130 litri di carburante. La velocità massima su strade asfaltate, o con fondo duro, arrivava a 45 km/h e in retromarcia a 10 km/h. Solo l'*Estonia* riusciva in retromarcia a raggiungere i 15 km/h.

La velocità in retromarcia era importante perché in combattimento, per sfruttare il migliore armamento posteriore, le autoblindate si muovevano all'indietro. In questo modo, oltre al maggiore volume di fuoco a disposizione, non solo si proteggeva il vano motore dotato di scarsa blindatura, ma era possibile ritirarsi rapidamente data la scarsa, o nulla, mobilità fuori strada, essendo tutti mezzi a 2 sole ruote motrici, che, in caso di fallimento dell'azione offensiva, avrebbe impedito al mezzo di variare il senso di marcia senza rimanere bloccati.

Nell'aprile 1919 l'*Estonia* venne ricostruita sulla base del progetto delle nuove autoblindate.

Il 3 marzo 1919 i volontari finlandesi del reggimento "*Pohjan Pojat*" catturarono un autocarro blindato Peerless armato con un cannone antiaereo da 40 mm ai bolscevichi. Quando i volontari lasciarono l'Estonia nell'aprile 1919 il blindato venne consegnato all'esercito estone che lo fece ricostruire come autoblindata, dotata di torretta girevole con cannone da 37 mm venne chiamata "*Pisuhänd*".

Su iniziativa del 6° Reggimento di fanteria venne costruita, presso il deposito della ferrovia a scartamento ridotto di Pärnu (Parnu kitsaroopmelise raudtee veduridepoo), su progetto dell'ingegner Jaarats, un'autoblindata chiamata "*Vanapagan*". Costruita sulla base del telaio di un autocarro Delahaye catturato ai russi, utilizzando lamiere di ferro dallo spessore di 7 mm su un telaio di legno, venne armata inizialmente con due mitragliatrici Lewis da 7,7 mm, armamento poi implementato con un'altra mitragliatrice Maxim da 7,62 mm. Venne assemblata entro febbraio 1919 e utilizzata esclusivamente dal Reggimento.

Il 20 febbraio 1919 venne costituita la *Soomusrongide Divisjon*, la divisione che raggruppava tutti i treni corazzati costruiti. Il 14 aprile venne costituita la *Soomusautode Kolonn*, una unità che raggruppava tutti i mezzi blindati al momento in servizio nell'esercito estone. La sua funzione principale era di provvedere alla riparazione delle autoblindate, all'invio dei materiali necessari al funzionamento dei mezzi al fronte e di provvedere amministrativamente alla gestione dei militari e dei mezzi in servizio. Primo comandante fu il capitano August Nieländer, sostituito il 10 ottobre 1919 dal tenente Albert Ojasson. Venne quindi costruita un'officina di riparazione il cui comando fu affidato al capitano Uus.

Le autoblindate vennero principalmente utilizzate a sostegno dei reparti di fanteria e in operazioni di rastrellamento/polizia, furono poche le azioni di combattimento che le videro impiegate, degna di nota quella della *Kalevipoeg*, al comando del capitano svedese Lundborg[4], che portò alla conquista di Pskov il 25 maggio 1919. Da segnalare anche le azioni della *Vanapagan* a supporto dei

---

4 Albert Paul Muni Einar Lundborg era un ufficiale svedese che, dopo aver partecipato come volontario nelle file dell'esercito bianco durante la Guerra civile finlandese, nel febbraio 1919 si arruolò nell'esercito lettone combattendo contro l'Armata Rossa. Comandò l'autoblindata *Kalevipoeg* nella presa della città di Pskov. Venne decorato con la Croce della Libertà estone.

fanti del 6° Reggimento tra il 20 e il 22 giugno e sporadici combattimenti sostenuti dalle autoblindate *Toonela* e *Wibaune* sul fronte meridionale nell'ultima decade di giugno. Il 25 giugno *Toonela* era di stanza sull'autostrada Riga-Pskov a guardia del ponte di Cesis.

Il 24 luglio 1919, durante una serie di scontri con le truppe dell'Armata Rossa, l'autoblindo *Estonia* danneggiò una autoblindo Austin-Putilov russa costringendo l'equipaggio ad abbandonare il veicolo, che venne catturata e reimpiegata, dopo la riparazione, dall'esercito estone con il nome di "*Tasuja*", come la seconda autoblindata costruita in Estonia e persa nel mese di marzo.

Il 23 agosto 1919 la *Soomusautode Kolonn* venne inserita all'interno della *Soomusrongide Divisjon*. Man mano che il numero delle autoblindate in servizio cresceva venivano costituiti dei gruppi di veicoli corazzati, ognuno con tre veicoli a disposizione.

Negli ultimi mesi di guerra vennero catturate altre due autoblindo all'Armata Rossa, subito reimpiegate dai reparti estoni, una Austin-Putilov, che venne chiamata "*Suur Tõll*", e una Fiat-Izhorski chiamata "*Wambola*".

Tra agosto e settembre 1919 gli inglesi sbarcarono a Tallinn 6 carri armati Mark V Composite[5] da consegnare all'Armata Bianca del generale Judenič, insieme ad un contingente di 48 militari con il compito di addestrare i russi bianchi al loro utilizzo. Insieme a due carri armati Renault FT-17 consegnati dai finlandesi, avrebbero costituito un reparto corazzato nell'esercito Bianco impegnato nella conquista di Pietrogrado. I 6 carri armati Mark V Composite erano chiamati: "*Brown Bear*", "*Brown Bear II*", "*Capt. Cromie*", "*Deliverance*", "*First Aid*" e "*White Soldier*".

I carri armati Mark V entrarono in combattimento a fine settembre, ancora con equipaggio inglese, visto che l'addestramento dei carristi russi non era stato portato a termine.

A fine ottobre l'offensiva per la conquista di Pietrogrado fallì e le truppe dell'Armata Bianca vennero sconfitte e costrette a ritirarsi. I carri armati Mark V vennero salvati dalla cattura da parte dell'Armata Rossa e trasportati in Estonia tramite la ferrovia. Quattro furono ceduti all'esercito estone e due all'esercito lettone. I due FT-17 vennero invece riconsegnati nell'aprile 1920 alla Finlandia.

I quattro carri armati Mark V Composite inglesi consegnati all'esercito estone erano:
- 9018 "*Capt. Cromie*" – rinominato dagli estoni "*Päälik*"
- 9349 "*Brown Bear*" – rinominato dagli estoni "*Vahtula*"
- 9147 "*White Soldier*" – rinominato dagli estoni "*Uku*"
- 9261 "*First Aid*" – rinominato dagli estoni "*Valdaja*"

I carri *Uku* e *Valdaja* avevano il cannone da 57 mm posizionato nello sponson di sinistra e le mitragliatrici nello sponson di destra, mentre i carri *Päälik* e *Vahtula* avevano l'armamento invertito, il cannone a destra e le mitragliatrici a sinistra.

Con l'ordine di servizio n. 770 del 26 novembre 1919, emanato dal comandante in capo generale Laidoner, venne dato l'incarico al capitano Hans Vanaveski di organizzare un'unità per addestramento della nuova unità dotata dei carri armati Mark V. La costituzione del nuovo reparto era stata approvata il 23 novembre dal Ministro della Guerra .

Poco prima della fine della guerra d'indipendenza, nella *Soomusautode Kolonn* vennero inseriti due autocannoni denominati "*Puuk*" e "*Sorts*" armati il primo con un cannone da 57 mm e il secondo con un cannone antiaereo da 76 mm. Completavano la batteria un camion per il trasporto di munizioni sul telaio del camion americano TAD da 3 tonnellate e due cannoni da campo da 76 mm mod. 1902.

Con la fine della Guerra la *Soomusautode Kolonn* subì una riorganizzazione con la costituzione di cinque Gruppi operativi:

---

5 Il carro armato britannico Mark V era entrato in servizio nel 1918, la versione Male (Maschio) era armata con 2 cannoni Ordnance QF 6 lb da 57 mm e 4 mitragliatrici Hotchkiss Mle 1909 da 7,7 mm, la *Female* (Femmina) con 6 mitragliatrici Hotchkiss Mle 1909 da 7,7 mm, la versione Composite, chiamata anche ermafrodite, era armata con 1 cannone Ordnance QF 6 lb da 57 mm e 3 mitragliatrici Hotchkiss Mle 1909 da 7,7 mm.

- Gruppo 1: autoblindate *Kalevipoeg, Pisuhänd, Estonia*
- Gruppo 2: autoblindate *Wibaune, Toonela, Wahur*
- Gruppo 3: autoblindate *Tasuja, Kotkasilm, Erilane/ Lembit*
- Gruppo 4: autoblindate *Suur Tõll, Wambola*
- Gruppo artiglieria: veicoli blindati *Puuk, Sorts*

Oltre ai veicoli blindati inseriti nei gruppi erano presenti: 6 camion pesanti, 2 camion leggeri, 1 camion trasporto munizioni, 1 autovettura e 4 motociclette. Nei mezzi blindati in organico faceva parte anche l'autoblindata *Vanapagan* che, non essendo mai stata omologata, venne utilizzata solo a fini addestrativi per alcuni anni e poi immagazzinata in attesa di essere demolita.

Nel 1920 vennero ordinati alla Francia 12 carri armati Renault FT-17, 4 armati con il cannone Hotchkiss da 37 mm e gli altri 8 con la mitragliatrice Hotchkiss Mle 1914 da 8 mm.

Il 1° febbraio 1921 la *Soomusrongide Divisjon* venne trasformata in *Soomusrongide Brigaad*, Brigata Corazzata, senza modificare la consistenza dei reparti del suo organico.

Il 1° agosto 1923 la *Soomusrongide Brigaad* venne sottoposta ad una nuova riorganizzazione, vennero costituiti il 1° reggimento treni corazzati (1° *Soomusrongirügement)*, di stanza a Tapa, e il 2° reggimento treni corazzati (2° *Soomusrongirügement)* di stanza a Valga, mentre i mezzi blindati e corazzati confluirono nella nuova *Auto-tankdivisjion*.

L'unica occasione di scontro nella quale furono coinvolti i carri armati FT-17 in servizio nell'esercito estone avvenne il 1° dicembre 1924, durante un tentativo di colpo di stato organizzato dal Comintern a Tallinn. Un gruppo di 30 rivoltosi ebbe il compito di conquistare la caserma dove era acquartierata la compagnia carri armati dotata di FT-17 e convincere i soldati a schierarsi con loro.

Entrati nella caserma, con l'aiuto di un sottufficiale della *Auto-tankdivisjion* loro sodale, il gruppo di rivoltosi riuscì ad impossessarsi del garage dove erano parcheggiati i 12 carri armati. Preso atto che solo il sottufficiale era in grado di pilotare un carro vennero manomessi gli altri 11 FT-17 tagliando i cavi elettrici per impedire il loro utilizzo. L'FT-17 condotto dal sottufficiale, con un rivoltoso alla mitragliatrice, si avviò verso la porta carraia con l'intenzione di uscire in strada e supportare gli altri gruppi di rivoltosi impegnati nella conquista delle sedi istituzionali e delle altre caserme.

Poiché le munizioni della mitragliatrice erano state tolte poco prima della cattura del carro da un militare fedele alla Repubblica, il carro era praticamente disarmato e, dopo essere stato bloccato davanti al portone di uscita della caserma, venne affrontato da un ufficiale che riuscì a uccidere il pilota e a riconquistare il carro. Terminava così il tentativo di utilizzare i mezzi corazzati per supportare la rivolta comunista, che in poco tempo venne sopraffatta.

Il Ministero della Guerra tra il 1924 e il 1925 elaborò un piano per la costruzione di una nuova autoblindo leggera da costruire presso la fabbrica d'armi Arsenal di Tallinn. Poiché in Estonia non esisteva un'industria automobilistica, vennero ordinati alla fabbrica inglese Crossley Motors Ltd il telaio e il motore, mentre le lamiere per la corazzatura furono invece ordinate in Svezia.

Il montaggio dell'autoblindo venne effettuato presso l'Arsenal di Tallinn e i primi veicoli vennero consegnati all'esercito estone nel 1926. L'autoblindo venne denominata Arsenal-Crossley o M27/28.

Tra il 1926 e il 1928 vennero costruite un totale di 13 autoblindo, 6 armate con un cannone Hotchkiss da 37 mm in torretta girevole e le altre 7 con una mitragliatrice Madsen da 7,7 mm. Si trattava di un veicolo 4x2, blindato con lamiere con spessore variabile da 7 a 3 mm, con il pavimento interno rivestito con assi di pino e le pareti con feltro e tela da vele per la protezione dalle schegge. Le ruote erano dotate di semi-pneumatici, il peso variava tra le 5,4 e le 6,1 tonnellate, la velocità massima era di 60 km/h e l'equipaggio era formato da 4 militari.

All'epoca era senza alcun dubbio il miglior mezzo in servizio nell'esercito estone.

Delle 13 autoblindo due, armate con il cannone da 37, vennero consegnate alla *Kaitseliit* che le mise in servizio chiamandole "*Kõu*" e "*Pikker*", rimanendo in carico fino all'invasione sovietica. Il plotone di autoblindo faceva parte del Malev (Brigata di Contea) di Tallinn che, nel 1930, venne rinominato *Tallinna Maleva uksik soomusautoruhm* (plotone autoblindo della Malev di Tallinn).

Con le altre 11 autoblindo, venne costituita la compagnia autoblindo formata da 4 plotoni, ognuno formato da una M27/28 armata con il cannone e da 2 M27/28 con la mitragliatrice. Poiché le M27/28 armate di mitragliatrice a disposizione erano solo 7 e non le 8 previste, in un plotone per la seconda autoblindo armata di mitragliatrice venne utilizzata la vecchia *Pisuhänd.*

Il 28 settembre 1928, a seguito della riorganizzazione dell'esercito estone, la *Auto-tankdivisjion* venne trasformata in *Auto-Tank rügement,* subordinato alla 3ª Divisione.

Il suo organico era il seguente:
- Quartier generale (Tallinn)
- Compagnia di addestramento nella caserma in Juhkentali street (Tallinn)
- Magazzino presso l'area di addestramento estivo di Männiku (Tallinn)
- Compagnia carri leggeri nella caserma in Afrika street (Tallinn)
- Gruppo carri pesanti (Tallinn)
- Gruppo autoblindo riserva (Tallinn)
- Compagnia automobilistica nella caserma in Suurtüki street (Tallinn)
- 1ª Compagnia autoblindate – Tapa
  - Gruppo 1: *Kotkasilm, Tasuja, Wibuane* a Narva
  - Gruppo 2: *Lembit, Suur Tõll, Pisuhänd, Vambola* a Tapa
- 2ª Compagnia autoblindate: autoblindo Arsenal-Crossley M27/28 – Valga

I mezzi a disposizione erano: 22 autoblindate tra vecchie e nuove, 12 carri armati leggeri FT-17 e 4 carri armati pesanti Mark V Composite.

Nel 1934, a causa della sua obsolescenza, l'autoblindata *Vanapagan* venne radiata e cancellata dai registri del gruppo di autoblindo della riserva.

Nel 1934 vennero acquistate dalla Polonia 6 tankette TKS che, consegnate il 7 febbraio 1935, andarono a formare la 3ª compagnia acquartierata a Tallinn.

Con l'arrivo delle tankette TKS nel corso del 1935 venne decisa una riorganizzazione dell'*Auto-Tank rügement.* Le strutture erano efficienti e moderne, l'addestramento buono, ma i mezzi erano oramai datati e superati. I quattro carri armati Mark V Composite furono eliminati dai ruolini e accantonati in un magazzino, i mezzi a disposizione furono suddivisi in 3 compagnie miste e il reggimento assunse la seguente struttura:
- 1ª Compagnia: 9 tra autoblindo M1918/19 e Arsenal-Crossley (Tallinn)
- 2ª Compagnia: 3 carri FT-17 e 9 autoblindo Arsenal-Crossley (Tartu)
- 3ª Compagnia: 9 carri FT-17 e 6 tankette TKS (Tallinn)

Durante la riunione del Consiglio di difesa tenutosi alla fine del 1935, il maggior generale Nikolai Reek dichiarò che solamente le autoblindo Arsenal-Crossley e le tankette TKS erano in grado di poter combattere in difesa dell'Estonia, visto che i carri armati FT-17, le autoblindo della guerra d'indipendenza e i carri armati Mark V Composite erano obsoleti e di scarso o nullo valore bellico.

La carenza di fondi impedì la programmazione di un piano di modernizzazione atto ad acquistare nuovi mezzi e ad aggiornare quelli considerati ancora validi. Solo nel 1939 venne elaborato un piano di ammodernamento dei mezzi in servizio che prevedeva per le Arsenal-Crossley di uniformare l'armamento di tutte le 11 autoblindo con un cannone semiautomatico da 37 mm in torretta e una mitragliatrice Madsen da 7,7 mm montata davanti di fianco al conducente, oltre ad un mitragliatore Suomi per l'equipaggio. La mancanza di fondi prima, la successiva invasione sovietica poi, non consentì però nessun aggiornamento alle Arsenal-Crossley.

Per potenziare le forze di polizia della capitale Tallinn, in funzione antiguerriglia contro eventuali rivolte dei comunisti, nel 1936 venne acquistata dalla Svezia una autoblindo Landswerk L-180, armata con un cannone Madsen da 20 mm e due mitragliatrici MG. L'autoblindo venne consegnata nel 1937.

Agli inizi del 1940 l'*Auto-Tank rügement* venne sottoposto all'ennesima riorganizzazione, con la soppressione della 3ª Compagnia i cui mezzi andarono a rinforzare sia la 1ª che la 2ª Compagnia.

Si arrivò quindi all'invasione sovietica del 16 giugno 1940 con l'esercito e la *Kaitseliit* che, a parte alcune rare eccezioni, obbedendo alle disposizioni date dal Governo estone si arresero senza opporre resistenza alle truppe dell'Armata Rossa. I mezzi in carico all'*Auto-Tank rügement* vennero nei giorni successivi ammassati presso il campo di addestramenti di Männiku, da dove furono successivamente smistati su ordine dei sovietici. L'*Auto-Tank rügement* risulta soppresso a fine settembre 1940.

Il destino dei mezzi catturati dai sovietici fu variegato, risulta che le TKS e le Arsenal-Crossley entrarono in servizio presso i reparti del neo costituito 22° Corpo di Fucilieri Territoriale Estone in servizio nell'Armata Rossa, con alcuni mezzi assegnati al 180° battaglione da ricognizione.

Quattro carri armati FT-17 furono trasferiti a Daugavpils in Lettonia, presso l'unità 2193, mentre gli altri 8 vennero inviato a Bauska in Lettonia presso l'unità 2208. Non si conosce la successiva sorte, anche se probabilmente furono poi inviati in Unione Sovietica, insieme alle vecchie autoblindate della guerra d'indipendenza, per essere demolite per ricavare acciaio, anche se risulterebbe che alcuni FT-17 furono interrati e utilizzati come postazioni di mitragliatrici.

L'Arsenal-Crossley M27/28 *Kõu* in servizio nella *Kaitseliit* venne spedita presso il 942° Deposito di Daugavpils e non se ne conosce la fine. In un filmato di cronaca tedesco si vede una Arsenal-Crossley bruciata lungo la strada che porta alla città di Paldiski dopo la sua cattura da parte delle truppe tedesche, ma non si può capire se si tratta della *Kõu* o di una delle altre autoblindo catturate dai sovietici e poi utilizzate nella prima fase dell'invasione nazista.

Diverso il destino dei 4 carri armati Mark V Composite immagazzinati in una caserma di Tallinn e assegnati quindi al Distretto Militare Speciale del Baltico. Nell'agosto 1941, quando le truppe tedesche stavano per attaccare Tallinn, i quattro vecchi Mark V Composite furono riutilizzati dai sovietici come fortini e posizionati nei sobborghi della città, lungo la linea di fuoco sul fiume Pirita, armati con mitragliatrici Maxim e cannoni da 45 mm. Naturalmente il loro contributo alla difesa di Tallinn fu meno che mediocre, ma nonostante tutto a distanza di oltre 22 dal loro arrivo in Estonia furono ancora coinvolti in un combattimento, il loro ultimo combattimento!

Con i combattimenti a difesa della capitale Tallinn da parte dei vecchi Mark V Composite si concludeva la storia dei reparti corazzati estoni, iniziata nel 1919. Dopo aver ritrovato l'indipendenza nel 1991, e ripristinato le forze armate, il nuovo *Eesti Maavägi* al momento non ha in servizio mezzi corazzati ma solo veicoli da combattimento per la fanteria.

▲ L'autoblindo "Pisuhänd" durante la Guerra d'Indipendenza.

MIMETIZZAZIONE, INSEGNE, NUMERO IMMATRICOLAZIONE

Individuare i colori della mimetizzazione dei veicoli in servizio nell'Eesti Maavägi nei primi anni della sua costituzione non è semplice, anche le fotografie, in bianco e nero, aiutano poco a definire i colori correttamente.

I carri armati Mark V Composite, dopo la consegna da parte degli inglesi, vennero dipinti in verde scuro uniforme, mentre gli FT-17 vennero consegnati dalla Francia alcuni in verde scuro uniforme e alcuni mimetizzati. Negli anni '20 vennero tutti dipinti in verde scuro uniforme.

Le Arsenal-Crossley vennero dipinte in verde scuro uniforme mentre le TKS rimasero in servizio con la mimetizzazione originale polacca del primo tipo a tre colori: sabbia giallastra, verde oliva e grigio-blu, con i profili dei colori bordati da una sottile linea nera. Secondo altre fonti invece del grigio-blu il colore era marrone scuro e il sabbia era di tonalità più chiara.

Le autoblindate impiegate durante la guerra d'indipendenza inizialmente vennero dipinte in un verde scuro uniforme, successivamente alcune ricevettero una mimetizzazione a macchie probabilmente marrone scuro e giallo sabbia sul fondo verde scuro. Negli anni '20 vennero mimetizzate con grandi strisce di color verde su fondo giallo sabbia o ocra chiaro, le strisce avevano i bordi contornati da una spessa linea di color marrone scuro.

In inverno i veicoli venivano di norma mimetizzati usando del colore bianco lavabile, in alcuni casi completamente, vedi le TKS, in altri, vedi le autoblindo della guerra d'indipendenza, a macchie con contorni netti.

Tutti i mezzi blindati e corazzati in servizio nell'esercito estone non hanno mai avuto insegne dipinte sui veicoli e neanche simboli tattici, solo in alcuni casi, durante manifestazioni o esercitazioni, veniva portata una piccola bandiera estone su un'asta fissata alla torretta.

I carri armati Mark V Composite non risultano aver ricevuto un numero di identificazione, ma solo il nome dipinto sui fianchi e sulla prua. I nomi furono: *"Uku"*, *"Päälik"*, *"Vahtula"* e *"Valdaja"*.

I carri armati Renault FT-17 non ricevettero nomi ma un numero di identificazione, si conoscono con certezza solo i n. 52 e 57. Molto probabilmente la numerazione dovrebbe essere da 50 a 61. Nei primi anni '20 il numero era posizionato sui fianchi del mezzo sotto la sigla A.T.D. l'acronimo di *Auto-tankdivisjion*, sigla che scomparve negli anni '30, visto che dal 1928 l'*Auto-tankdivisjion* era stata sostituita dall'*Auto-Tank rügement*.

Anche alle sei tankette TKS non vennero assegnati nomi, ma ricevettero i seguenti numeri: 153, 156, 158, 159, 164 e 165.

Le 11 Arsenal-Crossley in servizio nell'*Eesti Maavägi* non ricevettero alcun nome, ma vennero identificate con i numeri: 141, 142, 143, 144, 145, 146, 147, 148, 149, 150 e 151. Le due autoblindo in servizio nella *Kaitseliit* ricevettero invece il nome di *"Kõu"* e *"Pikker"* senza alcun numero.

Le autoblindo costruite durante la guerra d'indipendenza vennero sempre contrassegnate da un nome dipinto sulle fiancate del veicolo. Questi i nomi assegnati alle 9 autoblindate in servizio: *Estonia, Vanapagan, Kotkasilm, Tasuja, Wibaune, Lembit, Suur Tõll, Pisuhänd, Wambola*, ricordando che un'altra autoblindo andata persa ebbe il nome *Tasuja* e che la *Lembit* originariamente si chiamava *Erilane*. Intorno agli '30 su alcune autoblindate apparve un numero identificativo sulla blindatura anteriore del veicolo, si è a conoscenza del n. 129 per la *Wibaune* e del n. 126 per la *Kotkasilm*.

I due autocannoni non avevano numero di identificazione ma erano contrassegnati con i nomi *Puuk* e *Sorts*.

▲ Le autoblindo *"Kotkasilm"* e *"Wibaune"* con i loro equipaggi nel 1932

▼ Autoblindo *"Vanapagan"* con il suo equipaggio durante la Guerra d'Indipendenza nel luglio 1919.

▲ L'autoblindo *"Lembit"*, in origine denominata *"Erilane"*, in testa ad una colonna blindata.

▼ Il parco macchine della Divisione Auto-Carri armati nel campo nell'estate del 1924. Sono presenti le autoblindo *"Suur-Tõll"*, *"Tasuja"*, *"Wambola"* e un'altra non individuata.

▲ Il carro armato Mark V Composite *"VAHTULA"* sfila durante una manifestazione nell'estate del 1925.

▼ L'autoblindo *"Tasuja"* e un'autoblindo Arsenal-Crossley nelle strade di Narva nell'inverno 1930.

▲ Carri Mark V, Renault FT-17 e autoblindo durante una manifestazione alla fine della guerra d'indipendenza.

▼ L'autoblindo *"Toonela"*

▲ L'autoblindo *"Kalevipoeg"* con l'equipaggio a Võru nel 1919.

▼ Il carro armato inglese Mark V Composite n. 9261, prima della consegna alle autorità militari estoni, a Narva il 25 novembre 1919

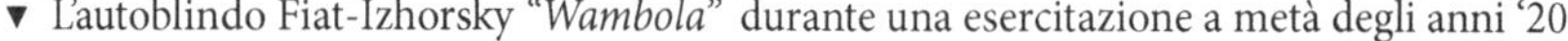

▲ L'ufficiale inglese addetto all'addestramento dei carristi estoni, il capitano Frederick Edwin Alfred Manning , di fronte al carro armato Mark V Composite n. 9147.

▼ L'autoblindo Fiat-Izhorsky "*Wambola*" durante una esercitazione a metà degli anni '20

▲ I carri armati Mark V Composite *“UKU”* e *“VAHTULA”* durante la sfilata del 24 febbraio 1925.

▼ Un carro armato Mark V Composite delle Forze di Difesa estoni percorre la Pärnu Road a Tallinn nella primavera del 1920

▼ Dimostrazione delle capacità operative del carro armato Mark V Composite su una spiaggia di Tallinn nel 1920.

▲ Dimostrazione delle capacità operative del carro armato Mark V Composite su una spiaggia di Tallinn nel 1920.

► Carristi e meccanici impegnati nella riparazione del carro armato Mark V Composite 9349.

▼ Il carro armato Mark V Composite *"UKU"*, seguito da altri tre Mark V Composite e dagli FT-17, rientra in caserma dopo una sfilata il 22 novembre 1926

▲ Un carro armato Mark V Composite utilizzato dai sovietici nella difesa di Tallinn nell'agosto del 1941 e catturato dai tedeschi .

▼ Sei carri armati FT-17 durante l'addestramento

▲ Carro armato Renault FT-17 durante una fase dell'addestramento.
▼ Tutti i 12 carri Renault FT-17 schierati nel 1920 poco dopo essere entrati in servizio.

▲ Carristi del Reggimento Carri Armati davanti ad un FT-17 nell'inverno 1936.

▼ Un gruppo di carri armati FT-17 in attesa di iniziare l'addestramento

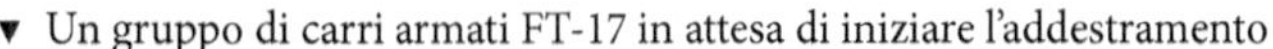

▲ Carri armati Renault FT-17 e autoblindo Arsenal-Crossley schierati in occasione del 3° anniversario della nascita della Divisione Corazzata il 22 novembre 1926 a Tallinn.

◄ Carro armato FT-17 durante l'addestramento.

▼ Carri armati FT-17 durante le manovre ad Otepää nel 1925

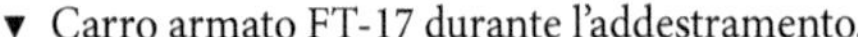

▲ Carri armati FT-17 con i loro equipaggi durante una parata a Tallinn negli anni '30 (da "Tankai Lietuvos kariuomenėje 1924–1940 m.", op. cit. in bibliografia)

▼ Carro armato FT-17 durante l'addestramento.

▼ Sequenza fotografica relativa al superamento di un fossato anticarro da parte di un carro FT-17 dotato di un sistema sperimentale per la posa di due travi che consentono il passaggio al carro armato sopra di esse.

▲ Carri armati FT-17 e autoblindo Arsenal-Crossley alle manovre del 1935 .

▼ Autoblindo Arsenal-Crossley M1927 con il suo equipaggio in caserma.

▲ Autoblindo Arsenal-Crossley n. 144 in caserma.

▼ Autoblindo Arsenal-Crossley n. 149 e 144 durante un'esercitazione.

▲ Autoblindo Arsenal-Crossley n. 149 e 148 in caserma.

▼ Autoblindo Arsenal-Crossley trasportate su un convoglio ferroviario nel 1935.

▲ Le autoblindo Arsenal-Crossley M27/28 *"Pikker"* e *"Kõu"* in servizio nella *"Kaitseliit "*, la Lega Difesa Estone.

▼ Le autoblindo Arsenal-Crossley *"Pikker"* e *"Kõu"* insieme ad altre due blindo durante una esercitazione invernale.

▲ Autoblindo M27/28 (sullo sfondo) e tankette polacche TKS in attesa di iniziare le esercitazioni.

▼ Autoblindo Arsenal-Crossley M27/28 e vecchie autoblindo modernizzate e mimetizzate durante le manovre presso il campo di Valdeku nel 1932 .

▲ Presentazione della tankette TKS all'Esercito estone nel 1934.

▼ Reclute estoni di fianco ad una tankette TKS in una caserma nel 1935 (da "Tankai Lietuvos kariuomenėje 1924–1940 m.", op. cit. in bibliografia)

▲ Tankette TKS davanti al Comando del Reggimento Corazzato nell'inverno 1937 (da "Tankai Lietuvos kariuomenėje 1924–1940 m.", op. cit. in bibliografia)

▼ Carro armato leggero TKS durante i test di valutazione (http://eag.vanatehnika.ee/ewarmee.html)

▲ Carro armato leggero TKS durante i test di valutazione (http://eag.vanatehnika.ee/ewarmee.html)

▼ Carristi delle autoblindo Arsenal-Crossley e delle TKS consumano il rancio durante le manovre invernali mel 1937 (da "Tankai Lietuvos kariuomenėje 1924–1940 m.", op. cit. in bibliografia)

▲ Le tankette TKS schierate prima dell'inizio delle esercitazioni nel 1936.

▼ L'autocannone "*Sortsi*", dotato di cannone Putilov da 76 mm, appartenente alla Divisione Auto-Tank durante una cerimonia a Tallinn nel 1928.

▼ Autoblindo "*Landsverk*" L180 in servizio nella Polizia di Tallinn.

▲ L'autocannone *"Sortsi"* in caserma a Tallinn.

▼ L'autoblindo Arsenal-Crossley M27/28 *"Pikker"* in servizio nella *"Kaitseliit "*, la Lega di Difesa Estone.

▲ La tankette TKS 153 durante una esercitazione nel 1936.

▼ Carri armati Renault FT-17 trasportati su carri ferroviari alla fine degli anni'20.

▲ Un plotone di carri armati Renault FT-17 durante le manovre estive nel poligono di tiro di Nursipalu il 30 agosto 1930

▲ Le vecchie autoblindo estoni vengono trainate da trattori sovietici il 27 gennaio 1941 per essere trasportate in Unione Sovietica.

▼ Le sei tankette TKS in addestramento nel 1939.

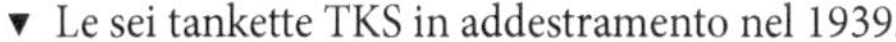

▲ La tankette TKS 165 durante una esercitazione nel 1936.

▼ Autoblindo Arsenal-Crossley M27/28 appartenenti all'Auto-Tank Rügement con i loro equipaggi in caserma.

REPARTI CORAZZATI DELLA LETTONIA

Le prime autoblindate presenti nella Lettonia alla fine del 1918 non furono veicoli della neonata Repubblica, ma tre mezzi in servizio presso i fucilieri lettoni della 1ª Divisione sovietica lettone. Si trattava di un piccolo reparto formato dalle auto armate *"Imanta"*, *"Lāčplēsis" e "Komūnists"*[6], agli ordini del comandante Kaugurs, poco utilizzate a causa dei guasti continui che le costringevano a continue riparazioni, rese difficoltose dalla scarsità di pezzi di ricambio.

Il nuovo governo della Lettonia, nato a seguito della dichiarazione d'indipendenza del 18 novembre 1918, inizialmente poteva contare solamente su poche centinaia di soldati in grado di opporsi alle migliaia di uomini dell'Armato Rossa, dotati solo di poche armi leggere, pochi cannoni e nessun mezzo blindato. Quando nel maggio 1919, con l'aiuto delle truppe tedesche, Riga venne liberata, vennero trovate alcune autoblindate abbandonate dai reparti bolscevichi che, inizialmente, furono utilizzate dalla *Baltische Landeswehr* ma, dopo la sconfitta subita dai tedeschi a Cēsis nel giugno 1919 dalle truppe estoni e lettoni, vennero successivamente inglobate nell'esercito lettone.

Nel giugno 1919 le autoblindate *Lāčplēsis* e *Zemgalietis* sostennero i reparti lettoni durante gli scontri sostenuti contro i bolscevichi nell'area di Krustpils e Līvāni.

Il 10 luglio 1919, grazie ai successi militari ottenuti sui fronti settentrionali e meridionali, e alla liberazione della capitale Riga, fu possibile riunire le truppe della 1ª Brigata lettone meridionale con quelle della Brigata lettone settentrionale, dando così inizio alla organizzazione dell'esercito lettone.

Il 12 luglio venne costituita la 1ª Divisione Armata dell'esercito lettone, che comprendeva treni armati, auto armate e successivamente anche carri armati, e approvato l'organigramma della struttura e del personale della Divisione[7] auto armate. Era prevista la formazione di 2 reparti di autoblindate: uno con veicoli leggeri e uno con veicoli pesanti, per un totale di 40 militari.

Il 14 luglio 1919, sotto il comando del capitano Otto Grossbart , iniziò la formazione della 1ª e della 2ª Divisione auto armate presso la caserma di Via Nikolaja 77 a Riga.

Le autoblindo in servizio nell'esercito lettone a quella data erano quattro:
- Autoblindo Sheffield - Simplex *"Imanta"*
- 2 Autoblindo Garford-Putilov M1916 *"Lāčplēsis" e "Kurzemnieks"*[8]
- Autoblindo Austin-Putilov 2ª serie *"Zemgalietis"*[9]

Il 14 agosto venne costituita una compagnia motociclisti.

Mentre procedeva la costituzione dei nuovi reparti e l'addestramento dei militari, si aprì un nuovo fronte di guerra, questa volta non contro i bolscevichi ma contro i tedeschi e i russi al comando del generale russo Pavel Bermondt-Avalov. La breve guerra venne anche chiamata *Bermontiade* dal nome del generale che comandava l'armata russo-tedesca.

All'inizio di ottobre, la 1ª Divisione disponeva di 3 autoblindo pronte al combattimento: *Kurzemnieks, Zemgalietis, Lāčplēsis* e 2 in riparazione *"Imanta" e "Staburags"*[10], oltre ad un discreto numero di autocarri e automobili, addetti ai rifornimenti e ai collegamenti, e di motociclette. Nonostante permanessero difficoltà per la manutenzione dei veicoli, a causa della scarsità di pezzi di ricambio e delle armi, la divisione venne utilizzata attivamente nel combattimento.

Nell'ottobre e novembre 1919, le autoblindate *Lāčplēsis, Kurzemnieks, Zemgalietis* e *Imanta* so-

---

6 L'autoblindo *"Imanta"* era una Sheffield – Simplex, la *"Lāčplēsis"* una Garford-Putilov M1916, della *"Komūnists"* non si conosce la marca, potrebbe trattarsi di una Fiat-Izhorski o di una Austin-Putilov.

7 Il termine Divisione in questo caso non deve essere inteso come grande unità militare, ma come unità militare base del reparto autoblindate. Per la consistenza dei mezzi e del personale è assimilabile alla forza normalmente in carico ad un Plotone.

8 Nella documentazione visionata è sempre descritta la presenza di due autoblindate Garford-Putilov, ma secondo alcuni fonti invece fu solo uno il veicolo in servizio nell'esercito lettone il *Lāčplēsis*, che quando venne catturato dai tedeschi, riutilizzato e poi ceduto ai lettoni dopo la sconfitta, venne rinominato *Kurzemnieks*.

9 Potrebbe trattarsi dell'autoblindo *Komūnists* catturata ai sovietici a fine 1918 e rinominata *Zemgalietis*.

10 L'autoblindo *Staburags* era una Fiat-Izhorski catturata all'Armata Rossa in cattive condizioni, riparata e utilizzata fino al 1940.

stennero i reparti di fanteria impegnati nelle battaglie contro le truppe del generale Bermondt nei distretti di Jelgava, Kalnciems, Smārde e Tukums, danneggiando anche 3 treni armati nemici.

L'8 ottobre la *Lāčplēsis*, mentre procedeva in retromarcia a bassa velocità sotto un contrattacco nemico sull'autostrada Jelgava vicino al cimitero di Baloži, venne assalita da un ufficiale tedesco che uccise a colpi di pistola il conducente e il comandante dell'autoblindo. Il veicolo cadde in un fossato e venne quindi catturata dai tedeschi che, dopo averla recuperata, la riutilizzarono.

Le autoblindo *Kurzemnieks* e *Zemgalietis* furono invece impiegate nella difesa dei ponti Daugava a Riga. Nella notte tra il 4 e il 5 novembre, *Imanta* e *Kurzemnieks* vennero trasferite sulla riva sinistra del Daugava nel quartiere di Bolderāja. Il 10 novembre la *Kurzemnieks*, appoggiò l'offensiva del 9° Reggimento Rezekne che liberò Bulduri, venendo danneggiato durante il combattimento e sostituito nel proseguio dell'attacco dalla *Zemgalietis*.

Dopo la liberazione di Riga avvenuta l'11 novembre, l'attività delle autoblidate proseguì per sconfiggerre le truppe di Bermondt in ritirata e liberare tutto il territorio lettone dagli invasori. Il nemico in ritirata lasciò un consistente bottino di armi e mezzi nelle mani dei soldati lettoni, tra questi anche un'autoblindo e due autocannoni.

Si trattava di una auto blindata Izhorsky-Pierce-Arrow chiamata *"Titanic"*, armata con un cannone da montagna da 76 mm M1904 e due mitragliatrici Maxim nella parte posteriore del veicolo, e rinominata *"Viesturs"* e di due Daimler-Krupp BAK Kw 14, camion armati con un cannone da 75 mm antiaerei, chiamati *"Max"* e *"Moritz"* dai tedeschi, che i lettoni rinominarono *"Pērkons"* e *"Tālivaldis"*. La Staburags venne subito reimpiegata dai nuovi proprietari e inviata al fronte dal 18 novembre.

La *Imanta* prese parte alla battaglia presso Smārde il 19 novembre, dove venne catturata dal nemico e recuperata il 22.

Rimaneva ancora in mano al nemico la regione orientale di Latgale. L'esercito lettone, sulla spinta del successo ottenuto con la liberazione della capitale Riga e la sconfitta dei bermontiani, proseguì la sua offensiva, nonostante il cessate il fuoco richiesto dal nemico. Nelle operazioni nel Latgale *Tālivaldis, Staburags, Zemgalietis* e *Kurzemnieks* ebbero un peso rilevante nelle battaglie contro i bolscevichi.

A seguito della sconfitta dell'Armata Bianca del generale Judenich, furono disponibili alcuni carri armati inglesi al momento schierati a Tallinn. Agli inizi del dicembre 1919 vennero quindi acquistati 2 carri armati Mark V Composite seguiti da un altro Mark V Composite e da due carri armati Mark B[11].

Con i cinue nuovi carri armati venne quindi costituito il battaglione carri armati nella 1ª Divisione Armata.

I carri armati, quando vennero presi in carico, ricevettero il seguente nominativo:
* Carro armato Mark V n° 9116 – *"Ministr. Pres. Ulmanis"* in onore del Primo Ministro
* Carro armato Mark V n° 9369 – *"Generalis Balodis"* in onore del Generale Balodis
* Carro armato Mark V n° 9147 – *"Generalis Burt's"* in onore del Gen.inglese Alfred Bert
* Carro armato Mark B n° 1209 - *"Latgalietis"*
* Carro armato Mark B n° 1615 - *"Vidzemnieks"*

Non parteciparono alle ultime fasi della Guerra d'Indipendenza, ma vennero schierati nella zona di Daugavpils a protezione dell'area.

Il 12 dicembre 1919 venne approvata la riorganizzazione della 1ª Divisione Armata relativa alla componente delle auto armate e dei carri armati. La nuova organizzazione fu attuata nel gennaio 1920 e alla data del 1° febbraio l'organigramma era il seguente:
* Compagnia autoblindo:
  o 1° plotone auto armate: *Kurzemnieks, Zemgalietis* e *Lāčplēsis*, 52 militari al comando del tenente Georgs Dzeguze

---

11 Il carro armato britannico Medium Mark B venne sviluppato come successore del Whippet, ma, a causa della fine della guerra, oltre a problemi riscontrati durante il suo ingresso in servizio, venne costruito in soli 102 esemplari, dei quali solo 45 entrati in servizio. Era armato con 4 mitragliatrici Hotchkiss Mle 1909 da 7,7 mm con la possibilità di posizionarle in 7 snodi a sfera situate in torretta e sui fianchi.

- o 2° plotone auto armate: *Viesturs, Imanta e Staburags,* 52 militari al comando del capitano Aleksandrs Kaugars
- Battaglione Carri – 3 carri armati Mark V e 2 Mark B
- Compagnia motociclisti
- Batteria autocannoni - *Pērkons* e *Tālivaldis*
- Compagnia addestramento - 2 plotoni, 1 autovettura armata.

L'8 febbraio 1920 la 1ª Divisione Armata venne soppressa e in sua sostituzione furono create tre Divisioni autonome:
- Divisione Autoblindate al comando del tenente colonnello A. Paulock
- Divisione Treni Armati al comando del tenente J. Laveniek
- Divisione Carri al comando del tenente colonnello P. Brunenieks

Il 16 gennaio 1922 venne costituita la *Latvijas Tehniskā divīzija* - Divisione Tecnica Lettone, che comprendeva:
- Reggimento genieri
- Reggimento carri armati (Autotank Regiment)
- Battaglione delle comunicazioni
- Reggimento di treni blindati
- Reggimento Artiglieria Costiera

Al comando della nuova unità venne nominato il generale Janis Kourelis.

Nel settembre 1925 vennero acquistati dall'Italia 6 carri armati leggeri Fiat 3000 Mod. 21, due armati con il cannone Puteaux da 37 mm e gli altri quattro con la mitragliatrice Vickers da 7,7 mm. I nuovi carri armati, consegnati all'inizio del 1927, andarono a formare 2 plotoni, ognuno formato da un carro con cannone e due con la mitragliatrice, inseriti nel battaglione carri dell'*Autotank Regiment.*

Nel 1926 le autoblindo a disposizione nella compagnia autoblindo erano 5, suddivise in 3 plotoni:
- Plotone comando: *Staburags*
- Plotone autoblindo con cannone: *Kurzemnieks* e *Viesturs*
- Plotone autoblindo con mitragliatrici: *Zemgalietis* e *Imanta*

Poichè era necessario integrare una nuova autoblindo nel plotone comando e il bilancio della Difesa non aveva fondi, venne chiesto aiuto alla popolazione. L'Automobile Club lettone-*Latvijas Republikas Auto Klubs* raccolse i fondi necessari per l'acquisto di un telaio di autocarro FIAT e della blindatura della ditta inglese Beardmore. Quando i materiali furono consegnati l'assemblaggio della nuova autoblindo venne effettuato presso l'officina del Reggimento Carri Armati-*Auto-tanku pulka darbnīcās.* La nuova autoblindo, armata con mitragliatrici Vickers da 7,7 mm, venne consegnata ufficialmente all'esercito il 22 settembre 1926, durante una cerimoniata tenutasi in piazza Esplanade a Riga con la partecipazione del Presidente della Repubblica, Jānis Čakste, e ricevette il nome *"Sargs".*

Nel 1930, per l'addestramento dei militari destinati alla compagnia autoblindo, venne costruita una autoblindata basata sul telaio del camion Ford Model AA dotata di un'unica torretta.

Nello stesso anno il Reggimento "Jelgava" della *Aizsargu organizācija*-Organizzazione delle Guardie, corpo paramilitare lettone, acquistò una tankette Carden Loyd Mark VI, utilizzata nel 1934 durante il colpo di stato per svolgere pattugliamenti nella capitale.

Poichè le *Latvijas Bruņotie spēki*-Forze armate lettoni si erano rese conto dell'obosolescenza dei mezzi in servizio nell'Autotank Regiment, nel 1935 venne approvato l'acquisto di 12 carri armati leggeri Vickers Model 1936 dotati di una mitragliatrice Vickers .303 e di 6 Vickers Model 1937 armati con un cannone Ordnance QF 2-pounder da 40 mm. I carri armati M.1936 vennero consegnati il 3 marzo 1936 e gli M.1937 il 16 maggio 1938.

Con l'arrivo dei carri Vickers fu possibile costituire due nuove compagnie carri armati ognuna formata da 3 carri armati M.1937 armati con cannone e 6 M.1936 con mitragliatrici.

Nel 1938 venne attuta la riorganizzazione della *Latvijas Tehniskā divīzija* - Divisione Tecnica Lettone, che venne suddivisa in reggimenti autonomi.

L'*Autotank Regiment* risultò così strutturato:
- Compagnia autoblindo: *Staburags, Sargs, Kurzemnieks, Viesturs,Zemgalietis, Imanta*
- 1ª Compagnia: carri armati Mark V, Mark B e Fiat 3000
- 2ª Compagnia: carri armati Vickers M.1936/1937
- 3ª Compagnia: carri armati Vickers M.1936/1937
- Compagnia Trasporti
- Compagnia addestramento: autoblindo Ford Model AA

La situazione delle autoblindo in servizio era alquanto precaria, si trattava di veicoli con vent'anni di servizio, riparati più volte ma mai sottoposti ad una radicale revisione che eliminasse i problemi sempre più frequenti dovuti a motori e telai vecchi e usurati. Se a metà degli anni '20 fu effettuato un intervento sulla *Kurzemnieks* sostituendo il motore originale con una nuova unità motrice Wisconsin, fu a metà degli anni '30 che iniziarono i lavori di ricondizionamento delle vecchie autoblindo, lavori effettuati presso l'Auto-*tanku pulka darbnīcās*.

Si iniziò con la *Zemgalietis*, la cui blindatura venne trasferita sul telaio di un autocarro V8 Fordson acquistato in Danimarca, successivamente nel 1938 fu la volta della *Sargs,* dove fu sostituito il vecchio telaio Fiat con un telaio Ford V8, mentre agli inizi del 1940 alla Imanta venne sostituito il telaio originale con un telaio di un autocarro Ford-Vairogs 91-T. Sempre nel 1940 era prevista la sostituzione del vecchio telaio della *Staburags* con quello di un Ford-Vairogs 91-T, ma l'invasione sovietica bloccò i lavori.

Alla data del 1° settembre 1939 l'Autotank Regiment aveva un organico di 35 ufficiali, 274 sottufficiali e graduati, 515 soldati e 21 civili ed era strutturato su:
- Compagnia autoblindo dislocata a Riga
  - Plotone comando: *Staburags* e *Sargs*
  - Plotone autoblindo con cannone: *Kurzemnieks*[12] e *Viesturs*
  - Plotone autoblindo con mitragliatrici: *Zemgalietis* e *Imanta*
- 1ª Compagnia carri armati dislocata a Riga
  - 1° plotone: 2 carri armati Mark V e 1 carro armato Mark B
  - 2° plotone: 1 Fiat 3000 armato con cannone e 2 Fiat 3000 armati con mitragliatrici
  - 3° plotone: 1 Fiat 3000 armato con cannone e 2 Fiat 3000 armati con mitragliatrici
- 2ª Compagnia carri armati dislocata a Daugavpils[13]
  - 1° plotone: 1 Vickers M.1936 e 2 Vickers M.1937
  - 2° plotone: 1 Vickers M.1936 e 2 Vickers M.1937
  - 3° plotone: 1 Vickers M.1936 e 2 Vickers M.1937
- 3ª Compagnia carri armati dislocata a Riga
  - 1° plotone: 1 Vickers M.1936 e 2 Vickers M.1937
  - 2° plotone: 1 Vickers M.1936 e 2 Vickers M.1937
  - 3° plotone: 1 Vickers M.1936 e 2 Vickers M.1937
  - Compagnia trasporti
- Plotone autocarri: 12 autocarri pesanti Albion
- Plotone autocarri: 18 autocarri medi Ford-Vairogs V8-51
- Compagnia addestramento: autoblindo Ford Model AA, carro armato Mark C o B, carro armato leggero[14]

12 La presenza della *Kurzemnieks* in servizio nel settembre 1939 è molto dubbia, secondo alcune fonti l'autoblindo era già stata messa fuori servizio agli inizi degli anni '30. E' molto probabile che fosse stata accantonata in caserma e non depennata dai registri di immatricolazione.

13 Secondo un'altra fonte invece la 2ª Compagnia era a Riga e la 3ª a Daugavpils.

14 I mezzi in dotazione alla Compagnia addestramento erano sicuramente l'autoblindo Ford Model AA e probabilmente un carro armato Mark V e non un Mark B, in quanto a quella data dovrebbero essere rimasti in servizio solamente 2/3

Il totale dei veicoli in servizio nel reggimento era di: 27 carri armati, 6 rimorchi portacarro, 6 autoblindo, 30 autocarri, 10 autovetture e 15 motocicli.

A fine 1939 solo due carri armati Mark V Composite erano ancora un servizio, gli altri 3 carri armati Mark V e B erano stati avviati alla demolizione.

Il 5 ottobre 1939 il Governo lettone fu costretto a firmare un patto di collaborazione con l'Unione Sovietica che prevedeva, tra le altre clausole, l'obbligo di acquistare armamenti unicamente dalle industrie sovietiche e consentiva ai sovietici di stabilire basi militari e navali sul territorio lettone.

I vertici delle *Latvijas Bruņotie spēki*, sollecitati dal Governo che aveva pianificato un sostanzioso aumento nel bilancio della Difesa, iniziarono a redigere i piani di potenziamento per il settore dei mezzi corazzati, dimostrando notevole interesse per l'acquisto di carri armati T-26 e trattori leggeri T-20 *Komsomolec*. Tali acquisti non si concretizzeranno a causa della successiva invasione sovietica.

Nei primi mesi del 1940 la *Latvijas Tehniskā divīzija* venne sciolta e il 1° marzo l'*Autotank Regiment* venne rinominato *Latvijas Autotanku brigāde*. La brigata inizialmente era di stanza nella caserma di Via Pulka a Riga, con una compagnia schierata a Daugavpils vicino alla linea difensiva predisposta per fronteggiare una possibile invasione sovietica, ma successivamente il Quartier Generale fu trasferito a Cēsis. La brigata era al comando del generale Otto Grossbart che venne sostituito dal colonnello Jānis Kaļķis.

Il 16 giugno 1940 l'Unione Sovietica inviò un ultimatum al Governo lettone e il 17 invase la Lettonia. L'occupazione fu pacifica, anche perché il Governo lettone aveva dato disposizioni alle *Latvijas Bruņotie spēki* di non reagire.

A seguito dell'invasione sovietica, tutti i carri armati e le autoblindo vennero requisiti. Non si conosce il destino dei Mark V e B e dei Fiat 3000, anche se, data l'obsolescenza, è presumibile che siano stati rottamati, così come le autoblindo. Invece i carri armati Vickers[15] vennero assegnati alla 23ª Divisione corazzata del 12° Corpo Meccanizzato, una divisione composta solo da soldati sovietici, mentre i i soldati lettoni entrarono a far parte della 181ª e della 183ª Divisione di fucilieri del 24° Corpo di fucilieri territoriali.

La *Latvijas Autotanku* brigāde cessò di esistere nel luglio 1940.

Mark V. Sulla presenza del carro leggero l'unica possibilità che effettivamente sia stato presente un veicolo è che i carri Vickers acquistati non siano stati 18, come quelli regolarmente in servizio nella 2ª e nella 3ª Compagnia, ma bensì 20, come viene citato da una fonte.

15 Dei 18 carri armati Vickers catturati dai sovietici, i 12 M1936 armati di mitragliatrice non vennero considerati idonei al combattimento e vennero immagazzinati, mentre un carro M1937 armato con il cannone da 40 venne spedito a Kubinka, dove si trova ancora oggi nel Museo dei mezzi corazzati, e gli altri 5 furono utilizzati nei combattimenti contro le truppe tedesche.

▲ L'autoblindo Ižoras FIAT 55 *"STABURAGS"* alla parata di chiusura delle manovre svolte nel 1937

MIMETIZZAZIONE, INSEGNE, NUMERO IMMATRICOLAZIONE

I carri armati Mark V Composite e Mark B erano dipinti in verde scuro uniforme, i Fiat 3000 avevano una mimetizzazione a chiazze di tre colori: giallo ocra, verde medio e marrone, contornate da una sottile linea nera. Il Carden Loyd Mk IV rimase dipinto in verde oliva mentre i Vickers M1936 ed M1937 vennero mimetizzati con macchie rosso ruggine e giallo ocra su una base color verde medio, le macchie erano contornate da un sottile bordo nero. Le autoblindo erano sia in verde oliva uniforme che mimetizzate con macchie giallo sabbia, marrone rossiccio e grigio chiaro sul fondo verde oliva, con bordi contornati da una linea nera. Negli anni '30 le autoblindo vennero ridipinte con la mimetica a tre colori: verde oliva, giallo sabbia e marrone rossiccio. Tra il 1938 e il 1939 ricevettero una nuova ritinteggiatura in verde oliva uniforme.

Sui carri armati Mark V Composite, Mark B, Fiat 3000 e sulle autoblindo in servizio nell'Autotanku brigāde non furono mai presenti insegne, solo per i carri armati Vickers M 1936/1937 venne pianificato un sistema di identificazione.

Poiché nel 1936 erano in servizio solo i 12 carri armati di mitragliatrice, si procedette ad una prima codifica del sistema di identificazione dei mezzi. La 2ª compagnia venne identificata con il quadrato bianco e la 3ª con un triangolo bianco. Il 1° plotone della 2ª compagnia aveva un cerchio rosso all'interno del quadrato bianco sul lato destro della torretta, il 2° plotone un triangolo rosso dentro il quadrato bianco sul lato sinistro della torretta. Il 1° plotone della 3ª compagnia aveva un cerchio rosso all'interno del triangolo bianco sul lato sinistro della torretta e il 2° plotone un cerchio rosso dentro il triangolo bianco sul lato destro della torretta.

Nel 1938, con l'arrivo degli altri 6 carri armati Vickers armati di cannone da 40 mm, si procedette alla costituzione del 3° plotone in ogni compagnia, ridistribuendo i carri in servizio tra i 6 plotoni. Venne così attuato integralmente il sistema di identificazione previsto nel piano del 1935.

Quindi nella 2ª compagnia il 1° plotone venne contraddistinto da un quadrato bianco con un cerchio rosso al centro posizionato sul lato destro della torretta, il 2° plotone da un quadrato bianco con cerchio rosso sul lato sinistro della torretta e il 3° plotone da un quadrato bianco con un triangolo rosso sul lato sinistro della torretta.

Nella 3ª compagnia il 1° plotone da un triangolo bianco con cerchio rosso sul lato sinistro della torretta, il 2° plotone da un triangolo bianco con un cerchio rosso sul lato destro della torretta e il 3° plotone da un triangolo bianco con un quadrato rosso sul lato destro della torretta.

Durante le grandi parate su tutti i mezzi veniva issata una bandiera lettone sulla torretta.

Sia i carri armati Mark V Composite che i Mark B acquistati dall'Inghilterra inizialmente mantennero lo stesso numero di immatricolazione inglese, ricevendo ognuno un nome scritto sotto alla scritta TANK DIVIS e a due bandiere della Lettonia incrociate sui fianchi a prua del carro. Le scritte erano tutte in colore bianco. I nomi furono *Ministr. Pres. Ulmanis* per il carro 9116, *Generalis Balodis* per il 9369 e *Generalis Burt's* per il 9147. I due carri armati Mark B vennero chiamati *Latgalietis* il carro 1209 e *Vidzemnieks* il 1615. Nei carri Mark B non erano presenti la scritta *TANKU DIVIS* e le bandiere, inoltre i nomi erano posizionati sui fianchi appena dopo la mezzeria del carro. Negli anni '30 scomparvero la scritta *TANKU DIVIS*, le bandiere incrociate e il numero di immatricolazione inglese dai Mark V, e le scritte con il nome del carro vennero riprodotte sempre sui fianchi a prua ma più in basso. Anche sui Mark B vennero cancellati i numeri inglesi di immatricolazione.

I carri Fiat 3000 ricevettero i numeri da 101 a 106 scritto in colore bianco sui fianchi sotto alla torretta. I carri dal 101 al 103 formarono il 1° plotone, dal 104 al 106 il 2° plotone.

I carri armati Vickers M 1936/1937 ebbero i numeri da 201 a 218, dipinto in bianco su uno sfondo nero al centro della prua del carro e in bianco sul colore del carro sul retro a sinistra (es. N° 201). I carri dal 201 al 209 erano in servizio nella 2ª compagnia, i carri dal 210 al 218 alla 3ª compagnia. I carri M.1937 armati di cannone avevano i numeri 204 e 210 sicuramente e i numeri 201, 207, 213 e 216 quasi certamente; gli M.1936 i numeri 202, 203, 205, 206, 208, 209, 211, 212 sicuramente e i numeri 214, 215, 217 e 218 quasi certamente.

Le autoblindate non ebbero un numero di immatricolazione ma ricevettero ognuna un nome: *Imanta*[16], *Kurzemnieks, Zemgaleetis, Staburags, Viesturs, Lāčplēsis, Sargs*, dipinto sui fianchi della casamatta in bianco. Durante la guerra d'indipendenza, sulle autoblindate *Zemgaleetis* e *Lāčplēsis* vennero dipinte, come sui carri armati Mark V, due bandiere della Lettonia incrociate sopra la scritta su ambo i lati, sopra le bandiere c'era una scritta in bianco che però non è stato possibile decifrare. Sulle autoblindate *Imanta, Staburags*, e successivamente anche sulla *Zemgaleetis*, invece c'era un disegno dove sono raffigurate 2 ruote collegate da un assale sul quale sono collocate quelle che assomigliano molto alle ali di Mercurio con al centro in alto un cerchio sormontato da una mitragliatrice stilizzata, con sopra una scritta in bianco non decifrabile.

Al termine della guerra tutte le autoblindate vennero ridipinte e comparve solamente più la scritta in bianco del nome su ambo i lati.

L'autoblindo *Sargs*, essendo stata costruita con i fondi raccolti dall'Automobil Club, aveva dipinto sopra il nome lo stemma dell'Automobile Club lettone[17].

---

16 Pochi anni fa, presso alcune fattorie nel comune di Gulbene, sono state recuperate decine di parti dell'autoblindo *Imanta*, tra cui una torre di mitragliatrice, piastre corazzate, assali, cerchioni, ecc. ecc.. Data l'impossibilità materiale, con i pochi pezzi recuperati, di ricostruire integralmente la **Imanta**, il Riga Motor Museum, utilizzando tecnologie digitali, ha creato una mostra multimediale con la quale è stato possibile far rivivere virtualmente il veicolo blindato.
17 Lo stemma dell'Automobile Club lettone venne successivamente eliminato, probabilmente agli inizi degli anni '30.

▲ L'autoblindo Ižoras FIAT 55 *"STABURAGS"*.

▲ Un gruppo di autoblindo sfilano per le vie di Riga in occasione della ricorrenza della dichiarazione d'indipendenza il 18 novembre nei primi anni '20, in primo piano l'autoblindo Garford-Putilov *"KURZEMNIEKS.*

▼ L'autoblindo *"SARGS"* costruita sul telaio di un camion Fiat, donata dall'Autoklub della Repubblica di Lettonia il 22 settembre 1926 al Reggimento, il 20 giugno 1928.

▲ L'autoblindo Ižoras Pierce-Arrow *"VIESTURS"*.

▼ Una autoblindo Austin Mk.2 ex lettone, in testa alla colonna di automezzi del 24° Corpo di Fucilieri sovietico nel luglio 1941, distrutta durante le prime fasi dell'invasione tedesca.

▲ L'autoblindo Austin Mk.2 *"ZEMGALIETIS"* nel 1919, poco dopo la sua immissione in servizio nelle fila dell'esercito lettone

▼ L'autoblindo Austin Mk.2 *"ZEMGALIETIS"* negli anni '30 dopo la sua ricostruzione sul telaio Austin-Fordson V8

▲ L'autoblindo Garford-Putilov *"KURZEMNIEKS"* agli inizi degli anni '20.

▼ L'autoblindo russa Garford-Putilov *"LACPLESIS"* in servizio con le forze lettoni nel 1919 dopo la sua cattura.

▲ L'autoblindo Sheffield-Simplex *"JMANTA"* nel 1928.

▼ Il carro armato Mark V Composite *"Minstr. Pres. Ulmanis"* durante una dimostrazione di superamento ostacoli.

▲ L'autoblindo Sheffield-Simplex *"JMANTA"*, con il suo equipaggio, dopo la ricostruzione sul nuovo telaio Ford-Shield.
▼ Autoblindo e carri armati Mark V Composite e Mark B durante una esercitazione il 14 luglio 1928.

▼ Le autoblindo *"JMANTA"*, *"VIESTURS"* e *"KURZEMNIEKS"* nel cortile della caserma di Riga.

▲ L'autoblindo Sheffield-Simplex catturata ai russi, ribattezzata *"IMANTA"*, e subito immessa in servizio nelle forze armate lettoni

▼ L'autoblindo Garford-Putilov *"LACPLESIS"* in servizio nei reparti lettoni catturata dalle truppe del generale Bermont-Avalov nel 1919

▲ Soldati lettoni ispezionano il Panzerkraftwagen Krupp-Daimler 7,7cm FlaK *"Moritz"* catturato il 21 novembre 1919 ai tedeschi del Freikorps

▼ Il Panzerkraftwagen Krupp-Daimler 7,7cm FlaK *"Max"*, in servizio nel Freikorps tedesco, catturato dai lettoni ed riutilizzato nei loro reparti

▲ Ufficiali, sottufficiali e carristi davanti ad un Mark V e a un Mark B.

▼ Il carro armato Mark V Composite *"Generalis Burt's"* durante l'addestramento.

▲ Il carro armato Mark V Composite *"Generalis Balodis"* impegnato nel superamento di ostacoli durante una esercitazione.

▼ In primo piano il carro armato Mark B *"Latgalietis"*, seguito dal Mark V Composite *"Generalis Balodis"*, con i loro equipaggi, alla parata militare dell'esercito lettone sull'Esplanade a Riga nei primi anni '20

▼ Il carro armato Mark V Composite *"Generalis Balodis"* impegnato nel superamento di ostacoli in caserma.

▲ Il carro armato Mark V Composite *"Generalis Balodis"* caricato su un pianale ferroviario circondato dai carristi a Riga.

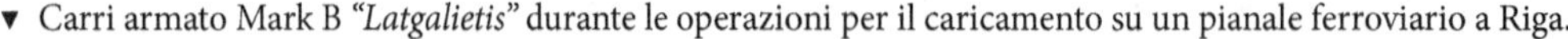

▼ Carri armato Mark B *"Latgalietis"* durante le operazioni per il caricamento su un pianale ferroviario a Riga.

▲ Il carro armato Mark V Composite *"Minstr. Pres. Ulmanis"* durante una dimostrazione di superamento reticolati.

▼ Carristi intenti alla manutenzione del carro armato Mark B *"Latgalietis"*.

▲ Il carro Fiat 3000 n. 105 impegnato nelle esercitazioni svolte nel 1928 insieme ad un altro Fiat 3000 dal numero non individuato.

▼ Fotografia dell'autoblinda "Sargs", purtroppo di bassa qualità, nella quale si può notare lo stemma dell'*Auto-klubs latvijas* dipinto sopra al nome del veicolo. In piccolo particolare dello stemma.

▲ I sei carri armati Fiat 3000 schierati per iniziare le manovre poco dopo il loro ingresso in servizio a fine anni '20.

▼ Un carro armato Fiat 3000 attorniato da militari in caserma nel 1926.

▲ Tutti i sei Fiat 3000 in marcia durante una esercitazione il 28 luglio 1925.

▼ Due carri armati Fiat 3000 impegnati in una esercitazione in area boscosa.

▲ Motociclisti e tankette Vichers-Carden Loyd Mk. VI della Guardia Nazionale in Piazza del mercato a Jelgava .

▼ Presentazione della tankette Vickers-Carden Loyd Mark VI alle autorità militari a Riga nel 1930.

▲ Esercitazioni con la tankette Vickers-Carden Loyd Mark VI.

▼ Carri armati Vickers M1936 sfilano durante una parata a Riga il 15 maggio 1936, apre la colonna il carro N° 206.

▲ Vickers M1936 ed M1937 sfilano in Piazza della Vittoria in occasione della parata del 17 novembre 1938, in testa il carro N° 212 .

▼ LCarri armati Vickers M1936 partecipano alla parata di chiusura delle manovre del Reggimento carri armati nel 1937, in testa il carro N° 203.

▲ L'equipaggio del carro armato Vickers M1936 N° 21? nel cortile della caserma del Reggimento.

▼ Carristi intorno al carro armato Vickers M1936 N° 211 nella caserma del Reggimento.

▲ Carro armato Vickers M1936 N° 214, armato di mitragliatrice, durante le manovre del 1936.

▼ Carristi della 2a compagnia impegnati nel lavaggio dei carri armati Vickers nella Daugava, a Daugavpils nel 1937.

▲ Carri armati Vickers M1936 appoggiano reparti di cavalleria durante le manovre svolte nel 1936 .

▼ Il carro armato Vickers M1937 N° 204 armato con un cannone da 40 mm.

▲ Carri armati Vickers M1936 durante un'esercitazione nell'area di Ergļu, in primo piano il carro N° 209, nel 1936.

▼ Carri armati Vickers M1936 su pianale ferroviario pronti per un trasferimento.

▲ Carri armati Vickers M1937 e M1936 in marcia per la parata del 18 novembre 1937 a Daugavpils. Nella foto piccola: Distintivo da petto della Brigata carri armati.

▲ Carristi lettoni schierati nella fortezza di Daugavpils prima di iniziare le manovre nell'inverno del 1938.

▼ Carri armati Vickers M1936 sfilano lungo la Piazza dell'Esplanades di Riga il 15 maggio 1937

▲ Carri armati Vickers M1937 armati di cannone da 40 mm durante l'addestramento invernale nel 1939 .

▼ Carro armato Vickers M1937 armato con il cannone da 40 mm durante una esercitazione nel 1939, appartiene al 3°
plotone della 3a compagnia.

▲ Carri armati BT-7 sovietici percorrono la piazza davanti alla stazione a Riga durante l'occupazione della Lettonia il 17 giugno 1940.

▼ Un carro armato BT-7 sovietico, seguito da un autocarro carico di soldati, percorre il centro di Riga il 17 giugno 1940.

▲ Carristi e civili posano per una fotografia davanti a tre carri armati Vickers M1936 durante le manovre estive del 1936.

▼ Manutenzione a carri Vickers M1936 durante le manovre estive.

▲ Carro armato sovietico BT-7 mod. 1937 distrutto in Piazza Vienibas nella città di Cesis nel luglio 1941.

REPARTI CORAZZATI DELLA LITUANIA

Pur avendo dichiarato la propria indipendenza il 16 febbraio 1918, fino al mese di novembre la Lituania rimase occupata dalle truppe tedesche. L'Armata Rossa si mosse rapidamente, non appena iniziò il ripiegamento tedesco, occupando velocemente il territorio rimasto senza amministrazione.

Il 23 novembre 1918 il Ministro della Difesa Nazionale, Augustinas Voldemaras, emanò un'ordinanza che istituiva il Consiglio di Sicurezza e la formazione del primo reggimento delle forze armate lituane. Il neonato esercito lituano, *Lietuvos kariuomenės Sausumos pajėgos*, poteva contare su poche centinaia di uomini, saliti a 3.000 volontari ai primi di marzo del 1919, quando venne ordinata la coscrizione obbligatoria con Decreto del 5 marzo 1919.

Le difficoltà incontrate dall'esercito lituano appena costituito erano enormi, mancavano le armi, non solo cannoni e mitragliatrici pesanti, ma anche fucili, pistole e munizioni, oltre alla totale assenza di autoblindo, carri armati e treni armati.

A fine maggio 1919 venne immessa in servizio la prima autoblindo. Si trattava della autoblindo Izhorsky-Fiat n. 6739, armata con 2 mitragliatrici Maxim da 7,62 mm, in servizio presso il 1° Reggimento di fanteria dell'Armata Rossa che occupava la strada Ukmerge-Utena nel sud della Lituania.

Presso il villaggio di Klivėnai il 31 maggio l'avanzata delle truppe lituane, appoggiate da reparti tedeschi, incontrò una forte resistenza bolscevica. I reparti sovietici contrattaccarono con la fanteria supportata dal fuoco dell'artiglieria e da un'autoblindata.

I soldati lituani, appartenenti al 2° Reggimento di Fanteria, si ritirarono ordinatamente nascondendosi dietro una collina. L'autoblindo bolscevica proseguì l'inseguimento dei soldati lituani senza l'appoggio della fanteria amica, cosicché, quando si trovò la strada sbarrata da degli alberi abbattuti, fu costretta a fermarsi e ad accettare il combattimento. Dopo un breve scontro a fuoco l'equipaggio fu costretto alla resa e l'autoblindo venne catturata. Verificate le buone condizioni dell'autoblinda, questa venne immediatamente riutilizzata e fu chiamata *"Žaibas"*, diventando il primo veicolo blindato del *Lietuvos kariuomenės Sausumos pajėgos*.

Negli ultimi mesi del 1919, probabilmente tra novembre e dicembre, i militari lituani catturarono a Radviliškis un'altra autoblindata, questa volta in servizio nell'esercito del generale Bermondt, un "sonderwagen"[18] costruito dalla Ehrhardt. Subito riutilizzata venne chiamata *"Savanoris"*.

Tra la fine del 1919 e l'inizio del 1920, a seguito della sconfitta, i tedeschi furono costretti a ritirarsi dalla Lituania abbandonando il materiale bellico pesante. Il 29 gennaio 1920, presso la stazione ferroviaria di Virbalis, i reparti lituani presero in consegna 4 autoblindate Ehrhardt-Behelfspanzerwagen[19] che, dopo essere state riparate, vennero riutilizzate.

Alle quattro autoblindate prese in carico vennero assegnati i seguenti nomi:
- Ehrhardt-Behelfspanzerwagen n. 4010 - *"Sarunas"*
- Ehrhardt-Behelfspanzerwagen n. 3992 - *"Perkunas"*
- Ehrhardt-Behelfspanzerwagen n. 4004 - *"Aras"*
- Ehrhardt-Behelfspanzerwagen n. 4026 - *"Pragaras"*

Le quattro autoblindate avevano alcune particolarità che le distinguevano dalla Savanoris, entrata in servizio poche settimane prima, pur essendo tutte e cinque delle Ehrhardt-Behelfspanzerwagen: la torretta era quadrata invece che rotonda, non avevano le protezioni sulle ruote posteriori, il cofano motore e la fanaleria anteriore erano diversi.

Con le sei autoblindate in servizio il 1° marzo 1920 venne costituita la *Šarvuočių rinktinė* – squa-

---

18 I sonderwagen erano dei veicoli blindati costruiti sul telaio di un autocarro e utilizzati dalla polizia tedesca durante la Repubblica di Weimar per mantenere l'ordine pubblico.

19 Le autoblindate Ehrhardt-Behelfspanzerwagen in molte pubblicazioni vengono scritte come Erhardt / Daimler Behelftswagen o come Daimler -Behelfspanzerwagen ma non è corretto, poiché la Erhardt e la Daimler erano due ditte concorrenti e non collaborarono mai alla costruzione di una autoblindata.

dra corazzata[20], nell'Autobattalione - battaglione auto, che fu impegnata negli ultimi combattimenti contro l'Armata Rossa nella primavera e contro i polacchi nella zona di Vilnius nell'autunno. L'organico comprendeva 8 ufficiali e 63 tra sottufficiali/graduati/soldati, oltre alle 6 autoblindate erano in servizio anche 9 autoveicoli. Non c'era una caserma dedicata al reparto, ma gli ufficiali e i soldati erano alloggiati presso case di privati cittadini e le autoblindo erano parcheggiate all'aperto.

Poiché i vertici militari avevano intenzione di costituire reparti corazzati, ma in Lituania non erano presenti carri armati, vennero presi accordi con la vicina Lettonia per inviare militari lituani presso il loro centro di addestramento. Nel marzo 1920 fu così inviato a Riga un gruppo di 13 ufficiali e 45 soldati per frequentare i corsi di addestramento per l'uso e la manutenzione dei carri armati.

Concluso il corso, i militari rientrarono in Lituania ma, non avendo ancora carri armati in servizio, vennero distribuiti fra i vari reparti, disperdendo così tutta la professionalità acquisita con notevoli sforzi economici e personali.

Con ordine segreto all'esercito n. 20 il 1° agosto 1921 la *Šarvuočių rinktinė* venne trasformato nella *Šarvuotasis autodivizionas* - Divisione auto blindate[21].

L'8 gennaio 1922 i soldati della Divisione si trasferirono nella caserma Žaliajame, per poi spostarsi il 25 aprile, dopo aver installato e sistemato i locali, le autorimesse e trasportato i veicoli blindati, nella nuova caserma sulla collina di Vytautas.

Solo nel 1923, grazie ad una migliorata situazione economica, la Lituania acquistò i primi carri armati, 12 Renault FT-17 che giunsero nel mese di agosto. Si trattava di carri armati usati, reduci della Prima Guerra Mondiale, e in cattive condizioni, alcuni armati di cannone e altri di mitragliatrice. Tutti gli FT-17 vennero riparati, riverniciati e riarmati con una mitragliatrice Maxin tedesca da 7,92 mm.

I carri vennero dislocati presso l'ex maniero Aukštoji Freda, situato nel distretto di Freda del comune di Aleksotas a Kaunas, dove iniziò l'addestramento degli equipaggi, terminato il 17 maggio 1924 quando il reparto venne dichiarato operativo.

Continuando la tradizione instaurata con le autoblindate, anche gli FT-17 vennero identificati con un nome: *"Audra", "Kovas", "Pagieža", "Pikoulis", "Drąsutis", "Karžygys", "Giltine", "Kerštas", "Slibinas", "Galiūnas", "Smūgis", "Griaustinis".*

Oltre al nome i carri armati ricevettero il nuovo numero di immatricolazione con la scritta KAM (*Krašto Apsaugos Ministerija* - Ministero della Difesa) seguita da un numero. Per gli FT-17 le targhe furono da KAM 1 a KAM 12.

In esecuzione dell'ordine segreto all'esercito n. 1 del 10 gennaio 1924, venne ricostituita, con data retrodatata del 1 ° gennaio, la *Šarvuočių rinktinė* - Squadra corazzata, al cui interno confluirono le seguenti unità:

- Quartier Generale
- Compagnia autoblindate
  - 1° Plotone Autoblindate (*"Žaibas", "Aras", "Perkūnas"*)
  - 2° Plotone Autoblindate (*"Šarūnas", "Savanoris", "Pragaras"*)
- Reggimento di treni blindati
  - *"Gediminas"*
  - *"Kęstutis"*
  - *"Algirdas"*
- Battaglione carri armati (di nuova costituzione)
  - 1ª Compagnia – *Audra, Kovas, Pagieža, Pikoulis*
  - 2ª Compagnia – *Drąsutis, Karžygys, Smūgis, Griaustinis*
  - 3ª Compagnia – *Giltine, Kerštas, Slibinas, Galiūnas*

---

20 In alcune pubblicazioni invece di squadra corazzata viene usato il termine plotone corazzato.
21 Il termine Divisione in questo caso non deve essere inteso come grande unità militare, ma come unità militare base del reparto autoblindate. Per la consistenza dei mezzi e del personale è assimilabile alla forza normalmente in carico ad una Compagnia con forza ridotta.

Le sedi dei reparti blindati e corazzati della *Šarvuočių rinktinė* erano a Kaunas, presso la caserma dell'artiglieria nel distretto di Žaliakalnis, conosciuto anche come la Montagna Verde, per la Compagnia autoblindate, e la caserma di Aukštoji Freda per il Battaglione carri armati. In entrambe le caserme furono installati autorimesse, magazzini, officine e fabbricati in legno per alloggiare i militari in servizio.

La sera del 17 dicembre 1926 avvenne un colpo di stato organizzato dall'esercito, che prese possesso dei principali centri di potere politico e militare e arrestò numerosi funzionari. Nell'occasione furono anche dispiegati sia le autoblindo che i carri armati FT-17, schierati a difesa della più strategiche sedi istituzionali e militari.

Tra il 1926 e il 1927 la caserma di Žaliakalnis venne ristrutturata e ottimizzata per l'utilizzo e l'addestramento dei reparti corazzati. Nella caserma, circondata da un'alta recinzione in muratura, erano presenti 3 edifici in muratura e le autorimesse potevano contenere 12 veicoli.

Il 16 settembre 1927 la *Šarvuočių rinktinė* subì una nuova riorganizzazione a seguito del ridimensionamento dei suoi reparti, assumendo il seguente organico:

- Quartier Generale
- Compagnia autoblindate
  - 1° Plotone Autoblindate (*"Žaibas", "Aras", "Perkūnas"*)
  - 2° Plotone Autoblindate (*"Šarūnas", "Savanoris", "Pragaras"*)
- Battaglione di treni blindati
  - *"Gediminas"*
- Compagnia carri armati
  - 1° Plotone – *Audra, Kovas, Pagieža, Pikoulis*
  - 2° Plotone – *Drąsutis, Karžygys, Smūgis, Griaustinis*
  - 3° Plotone – *Giltine, Kerštas, Slibinas, Galiūnas*

Nel 1933 furono ordinate 6 autoblindo Landsverk L-181 alla Svezia, armate con un cannone Oerlikon da 20 mm e 2 mitragliatrici Maxim da 7,92 mm. Furono consegnate nel 1934 e andarono a costituire la Compagnia autoblindo strutturata su 3 plotoni, dotati ognuno di 2 L-181, che vennero dislocati presso i tre Reggimenti di cavalleria a Kaunas, Taurage e Radviliškis. Con l'arrivo delle L-181 le vecchie autoblindo furono utilizzate per l'addestramento e successivamente, a metà degli anni '30, immagazzinate e tenute in riserva, anche se, a causa dell'obsolescenza, il loro valore bellico era praticamente nullo. A differenza dei carri armati FT-17 e delle vecchie autoblindate, le L-181 non ricevettero nessun nome, ma solamente il numero di immatricolazione, da KAM 6 a KAM 11.

Preso atto della vetustà dei carri armati in servizio, i vertici dell'esercito iniziarono la ricerca di un mezzo idoneo a sostituire i vecchi veicoli. Il 9 dicembre 1933 il responsabile della Divisione Fornitura e Equipaggiamento Militare dell'esercito lituano e il referente della Vickers-Armstrongs Ltd firmarono il contratto per la fornitura entro il 1934 di 16 carri armati leggeri Vickers M1933. Si trattava di un carro armato leggero dotato di una mitragliatrice Vickers calibro .303 (7,7 mm) in torretta girevole, dal peso di 3,8 t. con una velocità su strada di 56 km/h e fuori strada di 45 km/h e un equipaggio di 2 uomini. Era sostanzialmente una tankette idonea all'esplorazione.

Quattro carri armati dovevano essere dotati di radio ricetrasmittente, si trattava del carro del comandante di compagnia e dei carri dei comandanti di plotone.

Le consegne dei 16 carri armati iniziarono nel mese di settembre e terminarono il 3 dicembre 1934.

Il 7 giugno 1935 nella caserma di Aukštoji Freda venne costituita ufficialmente la 2ª Compagnia carri armati dotata di 16 carri Vickers M1933. Anche i carri Vickers non ebbero un nome ma solo il numero di immatricolazione. L'organigramma della Compagnia era il seguente:

- 2ª Compagnia carri armati – Comandante carro armato KAM 50 dotato di radio
  - 1° Plotone – Com. KAM 51 dotato di radio, KAM 52, KAM 53, KAM 54, KAM 55
  - 2° Plotone – Com. KAM 61 dotato di radio, KAM 62, KAM 63, KAM 64, KAM 65
  - 3° Plotone – Com. KAM 71 dotato di radio, KAM 72, KAM 73, KAM 74, KAM 75

Nell'agosto 1935 la 1ª Compagnia di carri armati, dotata di 12 carri armati FT-17, venne trasferita da Kaunas alla caserma di nuova costruzione a Radviliškis. La compagnia, oltre ai tre plotoni carri armati, aveva il supporto di una squadra di vigili del fuoco. Visto le mediocri condizioni operative dei mezzi e la loro vetustà, svolsero solo attività addestrativa, anche a supporto di reparti di fanteria.

Il 2 maggio 1936 venne sottoscritto un nuovo ordine per l'acquisto di 16[22] carri armati Vickers M1936, modello migliorato del precedente M1933. Le principali modifiche riguardavano il sistema di sospensione, a molle e non più a balestre, un motore più potente da 80 CV e lo spessore delle corazze della torretta. Come per la prima commessa quattro carri dovevano essere dotati di radio rice-trasmittente. L'armamento rimaneva quello del primo modello, una mitragliatrice Vickers cal. .303.

Nel corso del 1936, presso l'officina della *Šarvuočių rinktinė*, vennero effettuate alcune importanti riparazioni sui motori degli FT-17, a seguito di tali interventi la velocità dei carri armati salì a circa 13 km/h. In considerazioni dello stato del mezzo, il carro armato Giltine non venne interessato dai lavori e, da tale data, venne unicamente utilizzato come strumento didattico.

In applicazione della riorganizzazione prevista dai vertici dell'esercito lituano, nel mese settembre del 1937 la *Šarvuočių rinktinė* si trasferì da Kaunas a Radviliškis, raggiungendo la 1ª Compagnia già dislocata in tale località dal 1935. L'organico del reparto a quella data era di circa 500 militari, tra ufficiali, sottufficiali, graduati, soldati e civili.

La Vickers-Armstrongs Ltd consegnò i 16 carri armati M1936 entro l'estate del 1937 e il 1° novembre venne ufficialmente costituita la 3ª Compagnia carri armati, con il seguente organigramma:

- 3ª Compagnia carri armati – Comandante carro armato KAM 100 dotato di radio
  - 1° Plotone – Com. KAM 101 dotato di radio, KAM 102, KAM 103, KAM 104, KAM 105
  - 2° Plotone – Com. KAM 111 dotato di radio, KAM 112, KAM 113, KAM 114, KAM 115
  - 3° Plotone – Com. KAM 121 dotato di radio, KAM 122, KAM 123, KAM 124, KAM 125

Nonostante non fossero ancora iniziate le consegne dei carri Vickers M1936, i vertici dell'esercito lituano continuarono la ricerca di nuovi mezzi per potenziare ulteriormente le forze corazzate. Durante il 1936 vennero contattate le principali aziende europee produttrici di mezzi corazzati: Renault, Landsverk, Vickers-Armstrongs Ltd, Alvis-Strausser, Českomoravská-Kolben-Daněk ČKD. La Commissione Ammissione Divisione Rifornimenti si recò presso la ČKD cecoslovacca e prese visione dei nuovi carri armati che l'azienda stava producendo o introducendo in produzione.

Furono così presentati ai componenti della Commissione il carro armato AH-IV e il TNH. Tali veicoli non vennero considerati idonei alle esigenze lituane, in quanto troppo pesanti e poco veloci, oltre ad essere molto costosi. La ČKD non si perse d'animo e il suo capo progettista ing. Surin, che si recò a Kaunas per recepire le richieste dei carristi lituani, riuscì a progettare un carro armato che soddisfece le specifiche stabilite. Il 26 maggio 1937 venne firmato l'ordine per la costruzione di un prototipo del nuovo carro armato.

Il 26 gennaio 1939 vennero consegnati per i test sul campo un carro armato LTL (Lehký Tank Litevský), armato con un cannone Oerlikon-Solothurn da 20 mm e 2 mitragliatrici Maxim M08, e un carro LTH, questo era il carro armato costruito dalla ČKD per la Svizzera. I test furono effettuati a Kaunas, Prienai e Radviliškis, durarono fino al 21 febbraio. Il 10 marzo venne scelto il carro LTH con alcune modifiche e firmato l'ordine di acquisto per 21 carri armati ora chiamati LLT (*Lehký litevský tank*)[23].

Il contratto prevedeva la consegna dei 21 carri LLT in tre lotti di 7 carri armati ognuno, il primo il 15 luglio, il secondo il 5 agosto e il terzo e ultimo il 19 agosto 1940.

Con l'arrivo dei nuovi carri armati LLT la *Šarvuočių rinktinė* prevedeva di costituire, nel 1940, la 4ª Compagnia carri e riorganizzare quelle esistenti nel seguente modo:

---

22 Almeno una fonte indica in 18 i carri armati Vickers M1936 ordinati, ma dalla documentazione consultata risultano invece essere 16 i carri effettivamente consegnati.
23 La versione finale dell'LLT avrebbe dovuto essere armata con un cannone Škoda da 37 mm.

- 1ª Compagnia – 10 Renault FT-17
- 2ª Compagnia – 15 Vickers
- 3ª Compagnia – 10 LLT e 6 Vickers
- 4ª Compagnia – 10 LLT e 6 Vickers
- Compagnia addestramento – 2 Renault FT-17, 4 Vickers, 1 LLT

L'occupazione della Cecoslovacchia, da parte dei tedeschi nel marzo 1939, portò di fatto al controllo totale della produzione militare da parte germanica. Nonostante inizialmente non avessero bloccato le esportazioni dei carri armati, nel 1940 il contratto con la Lituania venne sospeso dalle autorità militari tedesche, per essere infine annullato nel 1941 da parte dell'Unione Sovietica.

La mancata consegna dei 21 carri armati LLT non consentì ai vertici militari lituani di portare a compimento la riorganizzazione della *Šarvuočių rinktinė* come programmato.

Alla data del 18 settembre 1939 la *Šarvuočių rinktinė*, al comando del colonnello Babickas, era composta dai seguenti reparti:

- Quartier Generale
- 1ª Compagnia carri armati - Radviliškis
  - 1° Plotone – 6 carri armati leggeri FT-17
  - 2° Plotone – 6 carri armati leggeri FT-17
- 2ª Compagnia carri armati - Radviliškis – 1 carro armato leggero Vickers M1933
  - 1° Plotone – 5 carri armati leggeri Vickers M1933
  - 2° Plotone – 5 carri armati leggeri Vickers M1933
  - 3° Plotone – 5 carri armati leggeri Vickers M1933
- 3ª Comp. carri armati - Alytus/Taurage - 1 carro armato leggero Vickers M1936
  - 1° Plotone – 5 carri armati leggeri Vickers M1936
  - 2° Plotone – 5 carri armati leggeri Vickers M1936
  - 3° Plotone – 5 carri armati leggeri Vickers M1936
- Compagnia autoblindo
  - 1° Plotone – 2 L-181 Landsverk a Radviliškis
  - 2° Plotone – 2 L-181 Landsverk a Kaunas
  - 3° Plotone – 2 L-181 Landsverk a Taurage
- Plotone addestramento

In attuazione del patto Ribbentrop-Molotov, il 17 settembre 1939 l'Unione Sovietica invase la Polonia e il 19 le truppe dell'Armata Rossa conquistarono Vilnius. Anche le truppe lituane parteciparono all'attacco alla Polonia, dal 19 al 23 settembre, occupando il territorio a ridosso della frontiera. Il 10 ottobre a Mosca venne firmato il trattato di mutua assistenza sovietico-lituano, tra le clausole del trattato era prevista l'acquisizione da parte della Lituania della città di Vilnius e di un quinto dell'aerea circostante, in cambio della concessione all'Unione Sovietica di stabilire cinque basi militari nel territorio lituano con la presenza di circa 20.000 militari sovietici. Il Governo lituano, dopo alcune resistenze, dovette accettare quanto imposto dall'Unione Sovietica e firmare il trattato.

Il 29 ottobre 1939 le truppe lituane entrarono a Vilnius, accolte dalla folla festante.

All'avanzata parteciparono anche alcuni reparti della Šarvuočių rinktinė, il 1° Plotone della 2ª Compagnia con i carri armati Vickers M1933 KAM 51, 52, 53, 54 e 55, e il 2° Plotone della 3ª Compagnia con i carri armati Vickers 1936 KAM 111, 112, 113, 114 e 115.

Conclusa la riconquista dei territori considerati appartenenti alla Lituania dalla guerra con la Polonia del 1920, e riportato la capitale della Repubblica a Vilnius, i reparti corazzati vennero rischierati nelle seguenti sedi: Quartier Generale, 1ª e 2ª Compagnia carri armati a Radviliškis, 3ª Compagnia a Vilnius.

La 3ª Compagnia venne acquartierata presso la caserma ai piedi dell'altura dominata dal castello Gedeminos, occupata precedentemente dal 3° Battaglione genio polacco. Il 7 novembre 1939, mentre erano in corso lavori di manutenzione all'interno dell'autorimessa dove erano parcheggiati i carri armati Vickers M1936, a causa della caduta di una lampada a cherosene, si accese un violento incendio che coinvolse i carri armati. Rimasero completamente distrutti 7 o 8 carri e altri 2 o 3[24] vennero danneggiati parzialmente. In pratica almeno 10 nuovi Vickers M1936 vennero messi fuori uso.

A seguito di tali perdite la 3ª Compagnia venne messa in posizione quadro, e si cercò di recuperare almeno i carri danneggiati.

Secondo i piani di guerra redatti dal Lietuvos kariuomenės Sausumos pajėgos, nella primavera del 1940 erano disponibili e idonei al combattimento solo 20 carri armati leggeri Vickers M1933/1936[25] e 6 autoblindo Landsverk L-181, mentre i 12 carri armati leggeri Renault FT-17 e le 6 autoblindo della Guerra d'Indipendenza erano oramai destinati alla rottamazione.

Il 15 giugno 1940 l'Unione Sovietica invase la Lituania, le forze armate non reagirono come da ordine del Governo. I carri armati e le autoblindo vennero immagazzinate dai sovietici per poi essere distribuiti al 615° Reggimento artiglieria e ai Battaglioni esploranti della 179a e 184ª Divisione fucilieri appartenenti al 29° Corpo di fucilieri territoriali. I carri armati e le autoblindo obsolete vennero smantellati, alcuni carri armati leggeri furono trasportati presso un deposito a Mosca e altri furono utilizzati fino all'inizio della guerra contro i tedeschi nel 1941.

La *Šarvuočių rinktinė* venne ufficialmente soppressa il 27 ottobre 1940.

---

24 Il dato sui carri armati distrutti completamente o danneggiati seriamente non è certo, confrontando molti testi risulterebbero completamente fuori uso i KAM 113, 114, 115,121, 123, 124 e 125, mentre i KAM 101, 111 e 112 sarebbe i carri danneggiati pesantemente ma per i quali era possibile procedere ad una riparazione.

25 Se consideriamo valido il numero di 20 carri Vickers idonei al combattimento vuol dire che almeno 12 carri armati furono distrutti o danneggiati irrimediabilmente nell'incendio di Vilnius, quindi altri due carri armati oltre a quelli individuati.

▲ Il carro armato Renault FT-17 "PIKUOLIS" e il suo equipaggio presso la sede del Ministero della Difesa e del Capo di Stato Maggiore dell'Esercito in Via Gedimino a Kaunas il 17 dicembre 1926.

MIMETIZZAZIONE, INSEGNE, NUMERO IMMATRICOLAZIONE

I carri armati Renault FT-17 consegnati dalla Francia erano mezzi usati e in cattive condizioni, alcuni erano verniciati in verde uniforme e altri mimetizzati. Quando furono riparati e ricondizionati vennero riverniciati in colore opaco verde brunastro uniforme. I carri armati leggeri Vickers M1933 e M1936 vennero verniciati in verde oliva uniforme.

Le autoblindo Landsverk L-181 vennero mimetizzate con macchie rosso ruggine e giallo ocra su una base color verde oliva. Più articolato il discorso relativo alle autoblindate che parteciparono ala Guerra d'Indipendenza. La Izhorsky-Fiat quando venne catturata era verniciata in verde oliva uniforme, successivamente venne mimetizzata a chiazze ocra e marrone rossiccio, contornate da un sottile bordo nero, su fondo verde medio. La sonderwagen *Ehrhardt Savanoris* sembrerebbe essere stata mimetizzata già al momento della cattura, dalle fotografie si può notare che all'inizio del 1920 fosse presente una mimetizzazione a chiazze, probabilmente ocra e marrone rossiccio contornate da un sottile borbo nero, su un fondo verde scuro.

Le altre 4 autoblindate Ehrhardt-Behelfspanzerwagen sembrerebbero originariamente dipinte in tinta uniforme, probabilmente un grigioverde chiaro, succesivamente, nei primi anni '20, vennero ridipinte con una mimetizzazione simile a quella della *Savanoris* anche se più chiara.

Su nessuna autoblindo e carro armato vennero mai dipinti simboli tattici, non durante la Guerra d'Indipendenza e neanche nel dopoguerra fino all'invasione sovietica del 1940.

Sulle autoblindate che hanno partecipato alla Guerra d'Indipendenza, oltre al nome dipinto in bianco sui fianchi al centro in alto, venne dipinto uno stemma rosso, bordato di giallo, contenente il *Vytis* (Cavaliere Bianco) un cavaliere d'argento con gli speroni d'oro che cavalca un cavallo d'argento, con sella e briglie azzurre decorate in oro, armato con una spada che alza con il braccio destro sopra la testa, mentre il braccio sinistro regge uno scudo azzurro ornato con una doppia croce. Lo stemma del *Vytis* era dipinto sulla corazza inclinata ai lati della postazione di guida su tutte le Ehrhardt-Behelfspanzerwagen, mentre sulla *Žaibas* lo stemma era in formato ridotto e dipinto ai lati della casamatta sotto il nome scritto in bianco.

Sui carri armati Renault FT-17 invece, oltre al nome, venne dipinto lo stemma del *Vytis* sulle piastre ai lati del portello di accesso del guidatore.

Sulle autoblindo Landsverk L-181 non venne dipinto lo stemma del *Vytis*, ma il simbolo delle colonne di *Gediminas* in colore bianco, posizionato ai lati della blindo, subito dopo i portelli d'accesso, e sulla piastra inclinata posteriore.

Anche sui carri armati Vickers M1933 e M1936 non venne dipinto lo stemma del *Vytis* ma le colonne di *Gediminas*, sempre in colore bianco e posizionate ai lati della torretta. Inizialmente venne dipinto su 4 lati ma successivamente, verso la fine del 1939, il simbolo dipinto sul frontale della torretta venne rimosso.

Tutti i veicoli blindati e corazzati lituani ricevettero l'immatricolazione da parte del Ministero della Difesa - *Krašto Apsaugos Ministerija*, con la verniciatura dell'acronimo KAM seguito dal numero dipinta sul frontale del mezzo. Le autoblindate della Guerra d'Indipendenza ricevettero i numeri da KAM 1 a KAM 5, anche se sembra strano che, essendo sei i veicoli in servizio, non siano stati immatricolati tutte e sei. Sulle autoblindo non venne però mai dipinto tale numero.

Le autoblindo Landsverk L-181 ricevettero i numeri da KAM 6 a KAM 11, il numero, esempio KAM 7, era dipinto in bianco in basso sul frontale del veicolo mentre posteriormente venne solo dipinto il numero della blindo, esempio 7 sempre in bianco, di dimensioni molto più grandi al centro della piastra inclinata in basso.

I carri Renault FT-17 vennero identificati con un nome scritto in bianco sui fianchi della casamatta e da un numero di matricola che andava da KAM 1 a KAM 12. Dalle fotografie non risulta però che tali numeri siano mai stati dipinti sui carri. Nello specifico questi i numeri di immatricolazione assegnati agli FT-17: *Audra* KAM 12, *Kovas* KAM 1, *Pagieža* KAM 11, *Pikoulis* KAM 7, *Drąsutis* KAM 4, *Karžygys* KAM 2, *Giltine* KAM 8, *Kerštas* KAM 3, *Slibinas* KAM 9, *Galiūnas* KAM 5, *Smūgis* KAM 10, *Griaustinis* KAM 6.

I carri armati Vickers M1933 ed M1936 furono identificati con un numero di targa KAM seguito dal numero, scritto in bianco su un rettangolo nero dipinto sulla piastra inclinata del frontale del veicolo, mentre posteriormente veniva riportato solo il numero in bianco, di dimensioni molto più grandi, su una targa installata sulla sinistra. I carri armati M1933 inizialmente vennero immatricolati probabilmente con un numero che andava da KAM 1 a KAM 16, come è possibile vedere in numerose fotografie, mentre per gli M1936 esiste una fotografia dove è presente un carro KAM 91 e quindi anche questi carri dovrebbero aver avuto una numerazione diversa da quella definitiva.

Tra il 1938 e il 1939 tutti i veicoli della 2ª e della 3ª Compagnia vennero però ritargati con i nuovi numeri assegnati ai vari plotoni, come descritto nel testo relativo alla storia della *Šarvuočių rinktinė*.

▲ distintivo dei carristi del 1931

► casco in pelle utilizzato dai carristi e dai motociclisti dell'Esercito lituano dal 1923 al 1940

►► Il *Vytis*, Il Cavaliere Bianco, è lo stemma della Lituania dove, su sfondo rosso, è rappresentato un cavaliere d'argento con gli speroni d'oro mentre cavalca un cavallo sempre in argento, con la sella e le briglie azzurre decorate in oro, è armato con una spada che alza con il braccio destro sopra la testa e imbraccia, a sinistra, uno scudo azzurro, ornato con una doppia croce d'oro.

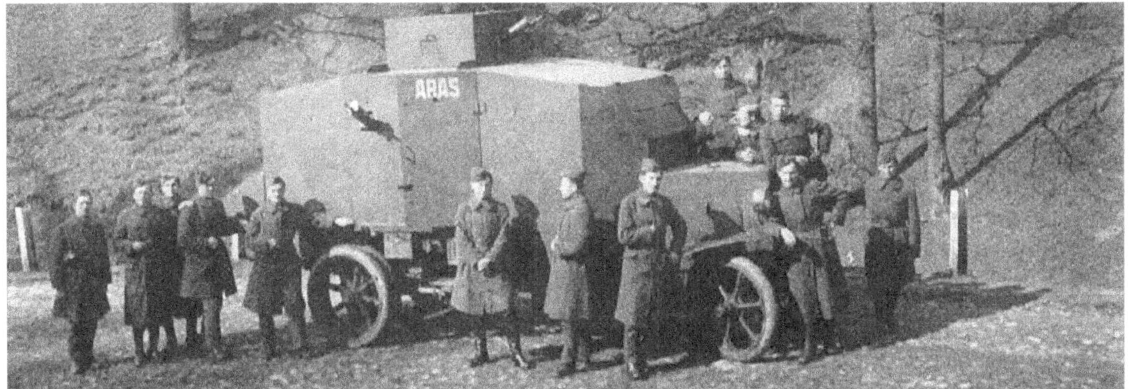

▲ L'autoblindo Erhardt Behelfspanzerwagen M1919 n. 4004 consegnata all'esercito lituano dalla Commissione di controlllo alleata il 29 gennaio 1920 e ribattezzata *"ARAS"* (Aquila)

▲ L'autoblindo Erhardt Behelfspanzerwagen M1919 n. 4026 consegnata all'esercito lituano dalla Commissione di controllo alleata il 29 gennaio 1920 e ribattezzata *"PRAGARAS"* (Inferno) insieme ad un'altra autoblindo identica con i due equipaggi schierati di fronte nei primi anni '20. Nella fotografia si può notare molto bene il *"Vytis"*, lo stemma della Lituania, dipinto a colori sui fianchi dell'autoblindo.

▼ L'autoblindo *"SARUNAS"* con il suo equipaggio in caserma.

▲ Le autoblindo Erhardt Behelfspanzerwagen M1919 *"PERKUNAS"* e *"PRAGARAS"* in caserma con i loro equipaggi

▲ L'autoblindo *"ZAIBAS"*, in testa ad una colonna di mezzi e militari che comprende la *"SARUNAS"* e un'altra Erhardt Behelfspanzerwagen M1919 non identificata, percorre la salita in strada Parodos a Kaunas il 16 aprile 1920 (da "Lietuvos kariuomenė laikinojoje sostinėje 1919–1940 m.", op. cit. In bibliografia)

▼ Le autoblindo *"SAVANORIS"* e *"ARAS"*, con gli equipaggi schierati, nella caserma di Kaunas durante una ispezione del reparto

▲ Una delle rare fotografie dove si può vedere il retro dell'autoblindo Erhardt Behelfspanzerwagen M1919 scattata nel 1921.
▼ l'autoblindo *"SAVANORIS"* in caserma. Nella fotografia nota bene il *"Vytis"*, lo stemma della Lituania, dipinto a colori ai lati dell'autoblindo, un cavaliere alato con la spada spiegata verso l'alto

▲ Tutte le cinque autoblindo Erhardt Behelfspanzerwagen M1919 in colonna su una strada di Klaipėda nel 1924. Dalla fotografia si può notare come la prima autoblindo, la *"SAVANORIS"* catturata dai lituani alle truppe del Gen. Bermont, sia diversa nella forma del cofano e nella torretta, cilindrica invece che rettangolare come nelle altre quattro autoblindo

▼ Le autoblindo *"ARAS"* e "SAVANORIS" con i carri armati leggeri Renault FT-17 *"KOVAS"* e *"AUDRA"*, e i loro equipaggi, in servizio presso la sede del Ministero della Difesa e del Capo di Stato Maggiore dell'Esercito in Via Gedimino a Kaunas il 17 dicembre 1926.

▼ Le autoblindo *"SAVANORIS"*, *"ARAS"* e *"ZAIBAS"* in manutenzione presso il garage a Kaunas nel 1922

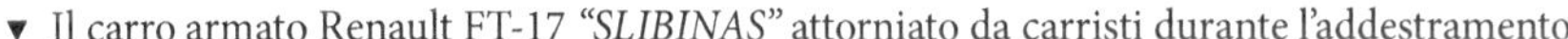

▲ Il carro armato Renault FT-17 *"SLIBINAS"* (Drago) durante le esercitazioni invernali, in cooperazione con la fanteria, nel 1934.

▼ Il carro armato Renault FT-17 *"SLIBINAS"* attorniato da carristi durante l'addestramento

▲ Foto ricordo di ufficiali, sottufficiali e carristi attorno al carro armato Renault FT-17 *"AUDRA"* (Tempesta) in caserma (www.plienosparnai.lt/e107_plugins/forum/forum_viewtopic.php?3820.70)

▼ Foto ricordo di ufficiali, sottufficiali e carristi attorno al carro armato Renault FT-17 *"KERSTAS"* (Vendetta) in caserma (www.plienosparnai.lt/e107_plugins/forum/forum_viewtopic.php?3820.70)

▼ Un plotone di carri armati Renault FT-17, si riconosce in primo piano il carro *"GRIAUSTINIS"* (Tuono), impegnati nel superamento di rilievi presso Kaunas nel 1924 (da "Tankai Lietuvos kariuomenėje 1924–1940 m.", op. cit. in bibliografia)

▲ Due carri armati Renault FT-17 impegnati nelle manovre estive di metà anni '30 insieme alla fanteria (www.facebook.com/senosfotografijos/photos/lietuvos-kariuomenès-lengvieji-tankai-vicker-nemune-prie-kauno/10150468278841976)

▲ Tre carri armati Renault FT-17 durante le manovre estive a metà degli anni '30

▼ I carri armati Renault FT-17 "*KOVAS*" e "*AUDRA*", con i loro equipaggi, presso la sede del Ministero della Difesa e del Capo di Stato Maggiore dell'Esercito in Via Gedimino a Kaunas nell'inverno 1926

▲ Un gruppo di carri armati Renault FT-17, si riconoscono i carri *"GILTINE"* (Morte) del 3° plotone e il carro *"GRIAUSTI-NIS"* del 2°, durante le ispezioni da parte degli equipaggi nel corso delle manovre nell'area di Gaižiūnai nei primi anni '30.

▼ I carri armati Renault FT-17 *"SLIBINAS"*, *"KERSTAS" e "AUDRA"*, appartenenti al 1° plotone, a Kaunas nel 1926 (da "Tankai Lietuvos kariuomenėje 1924–1940 m.", op. cit. in bibliografia).

▲ Due plotoni di carri armati Renault FT-17 schierati al termine delle manovre estive a Radviliškis nel 1935 (www.plie-nosparnai.lt/e107_plugins/forum/forum_viewtopic.php?3820.70)

▼ Carri armati Renault FT-17 sfilano davanti alle autorità militari al termine di una cerimonia, Kaunas primi anni '30 (da "Tankai Lietuvos kariuomenėje 1924–1940 m.", op. cit. in bibliografia)

▲ Carri armati Vickers M1933 e autoblindo Landsverk L-181 durante la parata del 8 settembre 1937 a Radviliškis (da "Tankai Lietuvos kariuomenėje 1924–1940 m.", op. cit. in bibliografia)

▼ L'autoblindo Landsverk L-181 KAM 7 disarmata impegnata in esercitazione (http://tankfront.ru/neutral/litva/photo.html)

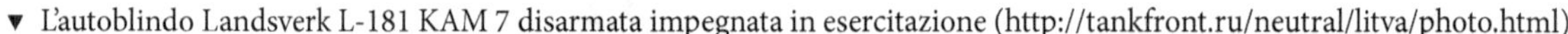

▼ Addestramento degli equipaggi alla manutenzione dell'autoblindo Landsverck L-181 (http://tankfront.ru/neutral/litva/photo.html)

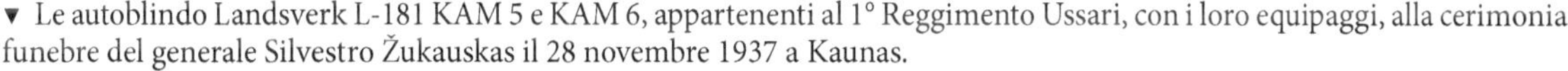

▲ La popolazione accoglie con entusiasmo i soldati lituani e i carristi del carro armato Vickers M1933 KAM 51 il 27 ottobre 1939

▼ Le autoblindo Landsverk L-181 KAM 5 e KAM 6, appartenenti al 1° Reggimento Ussari, con i loro equipaggi, alla cerimonia funebre del generale Silvestro Žukauskas il 28 novembre 1937 a Kaunas.

▲ L'autoblindo Landsverk L-181 KAM 9 impegnata in una esercitazione, notare la mitragliatrice in posizione antiaerea

▼ Il carro armato Vickers M1933 KAM 51, dotato di radio, del comandante del 1° plotone della 2a compagnia.

▲ Il carro armato Vickers M1933 KAM 7 in servizio nella 2a compagnia (da "Tankai Lietuvos kariuomenėje 1924–1940 m.", op. cit. in bibliografia)

▼ Il carro armato Vickers M1933 KAM 53 in servizio nel 1° plotone della 2a compagnia

▲ Carri armati Vickers M1933 percorrono la strada di fronte alla cattedrale di Vilnius durante la parata del 16 febbraio 1940, in testa il carro KAM 54 seguito dal KAM 52.

▼ Plotone di carri armati Vickers M1933 in attesa di iniziare l'avanzata verso Vilnius tra il 19 e il 23 settembre

▲ Il carro armato Vickers M1933 KAM 51, del 1° plotone, alla testa della colonna di carri armati e truppe autocarrate in attesa di oltrepassare la frontiera con la Polonia tra il 19 e il 23 settembre 1939.

◄ I carri armati Vickers M1933 KAM 51 e KAM 55, del 1° plotone della 2a compagnia, impegnati nel superamento di un tratto di terreno paludoso.

▼ I carri armati Vickers M1936 del 1° plotone della 3a compagnia, si riconoscono il KAM 104 e il KAM 105, percorrono Via Pilies nel centro storico di Vilnius il 29 ottobre 1939 dopo l'entrata nella città.

▲ I carri armati Vicker M1933 KAM 15 e KAM 16 ripresi mentre attraversano il fiume Nemunas presso Kaunas.

▼ Carro armato Vickers M1933 KAM 14 durante una fase dell'addestramento iniziale.

BIBLIOGRAFIA

Libri e pubblicazioni diverse
- AA.VV., "*Tankai Lietuvos kariuomenėje 1924 – 1940 m*", Centro di cartografia militare delle forze armate lituane, 2015.
- Vytauto Didžiojo karo muziejus, "*Vytauto Didziojo Karo 2018 metais Almanachas*", Centro di cartografia militare delle forze armate lituane, 2019.
- Vytauto Didžiojo karo muziejus, "*Lietuvos kariuomenė laikinojoje sostinėje 1919–1940 m.*", Centro di cartografia militare delle forze armate lituane, 2020.
- Viljandi Muuseum, "*Eesti Iseseisvuse Sund*", 2008.
- Bernardo E., "*Armored Cars in The Baltic States 1918-40*", 1991.
- Kirvelaitis T., "*Lietuvos Respublikos kariuomenės šarvuočių rinktinė*" (Tesi di Laurea), 2013.
- Estonian War Museum, "*Estonian War of Independence 1918-1920 - Estonia's Allies*", 2019.
- "*Lithuanian Military Digest*", n°5, maggio 202.

Siti Internet
- www.waralbum.ru
- http://it.topwar.ru
- http://tankfront.ru
- www.foto-history.livejournal.com
- https://strangernn.livejournal.com
- https://kv-bear.livejournal.com
- http://nelsonlambert.blogspot.com/2012/06/estonian-armour-1919.html
- http://aviarmor.net/tww2/armored_cars
- http://estonia-paradise-of-the-north.blogspot.com
- https://panzerphotos.com/vickers-6-ton
- https://issuu.com
- http://eag.vanatehnika.ee/ewarmee.html
- www.militaar.net
- https://www.ra.ee/fotis
- https://ajapaik.ee/photo/106443/soomusrugemendi-mehed-koos-soomusautodega/
- http://www.kool.ee
- www.live.warthunder.com
- http://latviansmilhistory.blogspot.com/2009_10_24_archive.html
- https://www.la.lv/foto-militaras-parades
- https://www.zudusilatvija.lv
- https://www.sargs.lv/lv/latvijas-neatkaribas-kars
- https://spoki.lv/vesture/Latvijas-Autotanku-brigade
- https://tanks-encyclopedia.com/latvian
- https://www.antik-war.lv
- https://vesture.eu/Latvijas_armijas_Tanku_divizions
- https://www.plienosparnai.lt/e107_plugins/forum
- https://www.savaite.lt/lietuva/1263-nepriklausomybsgynjainuoaiboikiboxer.html
- https://forum.axishistory.com
- http://www.landships.info/landships/car
- http://arecibo-camo.blogspot.com/2011/03/pragaras-perkunas-ir-kt.html
- https://laikas.tv3.lt/lt/info/8647/lietuvos-sarvuociu-rinktine-arba-sarunai-drasuciai-galiunai-ir-pagiezos
- https://picturehistory.livejournal.com
- https://it.knowledgr.com/07331036/EsercitoLituano(1922)
- http://latvjustrelnieki.lv/lv/fotografii-95943/period-borjby-za-nezavisimostj-latvijskoj
- www.securityguard.lv/2020/01/blog-post_30.html
- http://arecibo-camo.blogspot.com/2010/04/lt-ginkluote-sarvuoti-traukiniai.html

BOOKS TO COLLECT